RAPPORT

SUR LES OPÉRATIONS

DE LA 4me SECTION DU JURY

DE

L'EXPOSITION INTERNATIONALE

DE PÊCHE

DE BOULOGNE-SUR-MER,

PAR

le Dr H. CAZIN,

Ancien interne des Hôpitaux de Paris,
Ancien prosecteur de l'école de médecine de Lille; trois fois lauréat de ladite école;
Lauréat de la Faculté de médecine (commission des Thèses) et de la Société de Chirurgie (mention honorable, prix Duval);
Professeur d'Hygiène et de Physiologie de l'Association polytechnique (succursale de Boulogne-sur-mer); membre de plusieurs sociétés savantes;
Secrétaire-Rapporteur de la Section.

PARIS
ASSELIN, lib.-éditeur de la Faculté de Médecine,
Place de l'École de Médecine.

BOULOGNE-SUR-MER
CAMILLE LE ROY, imprimeur-éditeur,
Grande Rue, 51.

RAPPORT

SUR LES OPÉRATIONS

DE LA 4me SECTION DU JURY

DE

L'EXPOSITION INTERNATIONALE

DE PÊCHE

DE BOULOGNE-SUR-MER,

PAR

le Dr H. CAZIN,

Ancien interne des Hôpitaux de Paris;
Ancien prosecteur de l'école de médecine de Lille; trois fois lauréat de ladite école;
Lauréat de la Faculté de médecine (commission des Thèses) et de la Société de Chirurgie (mention honorable, prix Duval);
Professeur d'Hygiène et de Physiologie de l'Association polytechnique (succursale de Boulogne-sur-mer); membre de plusieurs sociétés savantes;
Secrétaire-Rapporteur de la Section.

PARIS
ASSELIN, lib.-éditeur de la Faculté de Médecine,
Place de l'École de Médecine.

BOULOGNE-SUR-MER
CAMILLE LE ROY, imprimeur-éditeur,
Grande Rue, 51.

1867

MESSIEURS,

La quatrième section du jury de l'Exposition internationale de pêche de Boulogne-sur-mer, chargée de l'étude des divisions 3me et 12me primitivement établies, et composée de MM. BAARS, VAN BENEDEN, Henri CAZIN, Pierre EVRARD, GRENIER, V. HAMY, HÉNIN-BELLET, HOOGENDYCH, LÉGAL, LIVOIS, MARGUET, SMIDTH, Ch. TERNAUX; *Président* : M. le Dr LIVOIS, maire de Boulogne; *Secrétaire-rapporteur* : M. le Dr CAZIN, avait pour attribution : 1° l'examen des vêtements de pêcheurs sous différentes latitudes; 2° celui des produits industriels des pêches destinés à l'économie domestique, à l'agriculture, à la médecine, aux arts, et celui des produits directs de la pêche, coraux, nacres, perles, etc.

Ceux des membres présents à Boulogne se mirent de suite à l'œuvre. C'est le résultat des nombreuses séances que nous avons consacrées à cet examen souvent difficile, que j'ai l'honneur de venir, dans ce rapport, vous soumettre aujourd'hui.

Je vous demande pardon d'avance, Messieurs, des longueurs inévitables dans un pareil travail. L'étendue même des sujets à traiter, leur variété, nécessitent dans le cours de l'exposé de nos opérations, des digressions scientifiques sans lesquelles cet exposé ne serait qu'une stérile et aride énumération des récompenses obtenues. Or, nous avons pensé que notre travail devait avoir un but plus élevé ; qu'il ne suffisait pas de vous dire que tel ou tel exposant avait mérité telle ou telle médaille, mais qu'il fallait vous faire savoir les raisons sur lesquelles s'étayaient nos jugements. Engagés dans cette voie, nous en sommes venus à essayer de condenser dans ce rapport une revue critique des objets exposés dans notre section.

Nous avons accordé dans ce travail à tous ceux de la connaissance desquels il pouvait ressortir un enseignement utile, qu'ils fussent dignes d'une récompense ou non, une place en rapport avec l'importance de leur destination.

Quant à l'ordre que nous avons suivi, la Commission a pensé que, quoique les objets fussent bien variés, il était plus profitable de les grouper selon leur but, leur emploi, que de les classer par nationalités. Il serait résulté de l'adoption de ce dernier plan des répétitions inévitables. Du reste, notre canevas étant tout tracé par l'énoncé même des attributions de notre section, nous avons d'abord examiné :

1° Les vêtements de marins sous différentes latitudes ;

2° Les produits industriels des pêches destinés à l'économie domestique, à l'agriculture, à la médecine, aux arts et à l'industrie ; produits directs des pêches, coraux, nacres, perles, plantes marines, collections d'histoire naturelle.

Avant d'entrer dans l'examen détaillé de ces divers objets, je tiens à adresser des remercîments publics à M. Baars, représentant de la Norvège, membre de notre Commission, dont les connaissances spéciales et étendues nous ont été d'un puissant secours. Son remarquable travail sur « *Les Pêches de la Norvège* (1) », à cause des renseignements précis qu'il renferme, a été mis plusieurs fois à contribution par nous. Les emprunts que nous avons faits à cette fidèle relation sont

---

(1) *Les Pêches de la Norvège*, par Hermann Baars, petit in-8°, Boulogne-sur-mer, 1866.

venus compléter les détails déjà si nets que notre collègue étranger a bien voulu nous donner de vive voix. Nous devons aussi mentionner la part officieuse qu'a prise à nos travaux M. Ern. Hamy, fils d'un des membres de la Commission, étudiant en médecine. Son zèle, son savoir, nous sont souvent venus en aide. En outre, il a activement collaboré à la partie de ce rapport qui traite des vêtements, en recueillant, pendant mon absence à la séance où cette question à été jugée, et en résumant les observations de la Commission.

DIVISION I.

Vêtements de marins sous diverses latitudes.

(IIIe Section du Catalogue.)

En confiant l'examen des objets qui composent la 3me section de l'Exposition de Pêche à une Commission composée en grande partie de personnes ayant fait de l'hygiène une étude spéciale, vous avez eu, sans doute, en vue l'application des principes de cette science à la recherche des meilleures conditions de bien-être et de salubrité que doit réunir l'équipement du marin. C'est, en effet, une question de la plus haute importance.

Le milieu dans lequel vivent les marins en général, et ceux en particulier qui affrontent les dangers des pêches lointaines, est assez défavorable par lui-même ; leur alimentation est souvent insuffisante, leur cabine malsaine ; leur fatigue est parfois extrême et le sommeil leur est trop rarement accordé. Exposés à toutes les intempéries d'un ciel inclément, ils ont besoin d'un costume chaud et solide pour résiter à l'humidité et au froid, ces deux grandes causes réelles du scorbut, et vaguer aux travaux de leur rude profession.

Hâtons-nous de le dire, de grands progrès ont été faits

dans ces derniers temps et l'Exposition qui vient de se terminer, assiduement suivie par nos matelots et par nos industriels, sera féconde en enseignements de toute sorte et nous est un gage de nouvelles améliorations qui ne tarderont pas à se réaliser.

Si nous nous reportons à un demi-siècle en arrière, nous trouvons le pêcheur de notre littoral, vêtu d'un paletot en étoffe grossière désigné sous le nom de *Hulot;* sur la tête il porte un bonnet de laine rouge encore en usage sur nos côtes; ses jambes sont protégées par de longues bottes que recouvre en partie un large pantalon de grosse toile désigné sous le nom de *Cotillon.* Plus tard, le bourgeron en toile peinte en noir ou goudronné remplaça le hulot; on se servit aussi pendant quelque temps d'une sorte d'étoffe cirée; enfin, l'on employa la toile passée au tan : ce dernier procédé s'est maintenu jusqu'à nos jours. Ce n'est que depuis vingt à vingt-cinq ans que s'est introduit dans nos ports l'usage des vêtements dits *imperméables* que portent maintenant tous nos marins. Cette innovation nous vient des Anglais; c'est encore à nos voisins d'outre-Manche que nous devons le chapeau désigné sous le nom de *Sorroy.*—La vareuse, les manchettes, le tablier et le sorroy sont enduits d'une composition dont l'huile de lin cuite à la litharge forme la base. On fabrique également des brassières et des tabliers en cuir.

Ainsi que le faisaient remarquer l'année dernière les auteurs du rapport sur l'Exposition de Bergen publié dans la *Revue Maritime* (déc. 1865) nos fabricants n'ont rien à envier à l'industrie étrangère. Tout porte même à croire, ainsi que le font remarquer MM. Lebeau et Lonquéty aîné (1), que nos vêtements confectionnés pour la marine trouveraient à l'étranger de faciles débouchés. Nous avons pu constater, en effet, que les vêtements imperméables, exposés par la France,

(1) Rapport sur l'Exposition internationale de Bergen fait à la Chambre de Commerce de Boulogne, publié par ordre de cette Chambre; 1 vol. in 8° avec planches et tableaux statistiques.—Boulogne, juillet 1866. Ch. Aigre.

étaient au moins égaux en qualité à ceux qu'ont envoyé l'Ecosse et l'Angleterre, et offraient même pour quelques-uns une incontestable supériorité.

De tous les exposants qui forment cette section, M. Rooryck, de Dunkerque, est assurément celui dont les produits sont les plus remarquables. Il a inventé un enduit spécial qui ne poisse pas, qui laisse à l'étoffe qu'il recouvre toute sa souplesse et qui n'est pas moins imperméable à l'eau de mer que les enduits précédemment connus. Ces vêtements, vendus relativement très-bon marché, sont soigneusement bordés en cuir; ils sont, paraît-il, d'un excellent usage.

Notre Commission a remarqué à côté des costumes complets pour la pêche d'Islande et la pêche d'Ecosse, un vêtement d'officier surveillant des pêches du Nord, vêtement solide et léger remplaçant avec avantage le caoutchouc qui se détériore si vite à la mer. M. Roorych est fournisseur de la marine Impériale depuis trois ans.

Notre Commission demande pour cet industriel *une médaille d'argent.*

Parmi les autres fabricants Français nous avons remarqué M. Baclin-Dubois, de Boulogne, pour lequel nous vous proposons *une mention honorable.*

L'enduit de M. Baclin-Dubois nous a paru de meilleure qualité que celui des autres confectionneurs. Cet enduit, appliqué sur toile, poisse moins à la main; les vêtements sont bien confectionnés et semblent fort solides. A côté de ces effets imperméables, M. Baclin a d'ailleurs exposé toute la série d'effets en étoffe de coton, de toile simple ou tannée et de laine tricotée. Cette collection très-complète nous paraît fort intéressante. Les vêtements de qualité ordinaire se vendent à fort bon compte.

Une médaille de bronze vous est proposée pour la maison Vaillant-Lefranc, également de Boulogne. Cette maison, qui s'occupe surtout de la fabrication des vêtements de laine pour les matelots, fait travailler un grand nombre d'ouvrières en ville ou à la campagne; tous les objets vendus sont faits à la main, ils sont de belle qualité ordinaire et d'un prix modéré.

Si les effets imperméables des fabricants anglais sont inférieurs aux produits de Dunkerque et même de Boulogne, il n'en est pas de même de leurs lainages dont la qualité nous a semblé très-belle. Nous avons surtout remarqué les vareuses de la maison Brand, de Yarmouth, pour laquelle nous sollicitons *une mention honorable.*

Dans les pays du Nord, on remplace les effets imperméables en toile ou en coton par des vêtements de cuir plus ou moins grossiers. Ce cuir, une fois mouillé, se retracte, se racornit et devient fort dur ; l'usage des costumes de cette nature est fort pénible. Aussi notre Commission a accueilli les objets exposés par la Norvége, plutôt comme renseignements ethnographiques qu'à tout autre titre. Une seule maison a paru mériter, en raison de la bonne qualité de ses cuirs et de leur bon marché exceptionnel (158 fr. l'habillement complet), *une mention honorable* : c'est la maison Lockert et Poulsen, de Shjoldehavn (Lofoten).

Vestes, pantalons, bas, gants, etc., tout se fait en cuir en Norvége; en France, cette matière première ne sert guère qu'à la confection des brassières et des tabliers ; la fabrication de ces articles forme avec celle des bottes de marine une industrie bien importante. Cette industrie a pris à Boulogne un très-grand développement ; le nombre d'ouvriers qu'elle occupe est considérable (375 cordonniers répartis en un certain nombre d'ateliers). De ces ateliers il en est quatre de premier ordre. Le plus important est celui de M. Demol jeune. Cet industriel n'emploie pas moins de vingt ouvriers et livre annuellement plus de 500 paires de bottes. Les produits de M. Demol jeune ont semblé à notre Commission dignes du plus sérieux examen. A côté des articles ordinaires qu'il livre aux marins à des prix modérés, ce fabricant a fait figurer quelques articles de fantaisie, je dirais presque de luxe, qui ont vraiment excité l'admiration du public. Nous avons remarqué dans son exposition des bottes de capitaine d'une certaine élégance, parfaitement confectionnées et livrées au prix de 40 et 50 francs seulement. Les bottes de pêche ordinaires (nº 540) sont côtées 27, 28 et 30 fr. Les bottes de navigation (nº 542) coûtent 28 et 30 fr., celles de mousse 15 fr. seulement. Les cuirs sont de bonne qualité. Toutes ses chaussures de mer sont extrêmement soignées, les coutures sont régulières et parfaitement rabattues à l'intérieur de manière à ne pouvoir blesser ; les semelles bien montées et fort solides doivent résister longtemps à l'humidité. Notre Commission, appréciant à sa juste valeur les articles exposés par cet industriel, heureuse en même temps d'encourager une fabrication qui occupe un si grand nombre d'ouvriers et qui donne de si beaux résultats, a l'honneur de vous proposer pour M. Adolphe Demol, cordonnier-tanneur et corroyeur à Boulogne-sur-mer, *une médaille d'argent.*

En seconde ligne, nous avons placé MM. Tessier-Gournay et Demol (Alexis). Le premier, qui représentait honorablement à Bergen l'industrie boulonnaise, a été honoré d'une mention à cette Exposition. Nous avons aussi remarqué sur ses rayons des manchettes de pêcheur (nº 588) fort bien travaillées, vendues 4 fr. et 4 fr. 50, une paire de bottes de mousse (nº 586) dont le prix est de 22 fr. La confection de ces dernières ne laissait guère à désirer; l'on sait d'ailleurs que la botte pour enfant est l'article le plus difficile à réussir dans l'industrie de la botterie maritime. Nous vous prions de vouloir bien accorder à M. Tessier-Gournay, dit Adonis, de Boulogne-sur-mer, *une médaille de bronze.*

La maison Demol aîné a envoyé à l'Exposition de pêche d'estimables produits fabriqués à bon compte, tels que bottes de pêcheur de 27 à 32 fr. (nº 544), bottes de navigation à 25 fr., (nº 545), bottes de mousse à 14 fr., manchettes, tabliers, comme les précédentes, etc. Cette maison travaille en gros et fait une exportation considérable. Elle occupe quinze ouvriers et livre, année moyenne, 300 paires de bottes. Nous proposons *une médaille de bronze* pour M. Demol-Hurtrel, tanneur-corroyeur à Boulogne.

Nous vous demandons *une mention honorable* pour M. Pitre (nº 572 et suivants), en faisant observer que si nous mettons en troisième ligne les produits de son industrie, c'est qu'ils nous ont semblé n'avoir avec la pêche que des rapports bien indirects, comme celles des autres fabricants boulonnais. Les bottes d'origine dunkerquoise qui figurent à l'Exposition sont bien inférieures aux produits que nous venons d'étudier.

L'Angleterre n'est représentée que par deux exposants : M. Tagg, bottier à Londres, est à la tête d'une maison très-importante, mais les objets qu'il envoie s'adressent uniquement aux classes riches. Il me suffira de vous dire que des bottes pour la pêche aux saumons sont côtées dans son étalage au prix de 112 fr. 50. Les autres prix sont dans les mêmes proportions.

M. Edmiston fabrique de fort beaux articles en caoutchouc, bottes, par-dessus, coiffures, etc. Nous savons que la première section vous a demandé pour lui *une mention honorable.* Nous nous associons à nos collègues pour réclamer cette récompense de votre justice.

Il me reste à vous parler du cirage imperméable de M. Saeger, de Berlin, qui a vivement excité l'attention des visiteurs. Une paire de bottes couverte de cet enduit a été placée dans l'eau pendant toute la durée de l'Exposition ; le cirage a si bien préservé l'intérieur de ces chaussures que l'humidité n'y a pas du tout pénétré. Cette expérience très-concluante nous a décidés à demander pour M. Saeger *une mention honorable.* Son cirage est employé avec succès depuis dix ans par les pêcheurs Norvégiens et par l'armée prussienne. Il ne coûte d'ailleurs que 300 fr. les 100 kilogrammes.

Les autres produits figurant dans la IIIe Section sont intéressants au point de vue ethnographique. M. Dujardin et M. Maas nous ont adressé des costumes complets très-curieux de matelots Belges et Hollandais; des récompenses ont d'ailleurs été votées à ces exposants par d'autres sections. Les objets envoyés par M. Dujardin sont en quelque sorte les pièces justificatives de la notice si vraie, si émouvante de M. Bardin sur la pêche à Blanckenbergue (1). M. Maas n'a eu, de son côté,

(1) *La Pêche à Blanckenberghen*, par A. Bardin, commissaire maritime et secrétaire communal; Bruges, 1866.

d'autre but que de faire connaître le costume de Scheveningen.

J'allais oublier d'appeler votre attention sur les toiles de MM. Vandamme, de Roulers. Ces articles, qui se vendent bon marché, sont fins et solides tout à la fois. L'exposant a déjà été médaillé à Paris, à Londres et à Dublin. Nous vous prions de vouloir bien lui accorder *une médaille de bronze*.

Il me reste à vous parler de l'Exposition du Musée Ethnographique de Copenhague et de la Direction royale du commerce du Groënland. Cette dernière administration a exposé, entre autres objets, des vêtements complets en peau de phoque pour pêcheurs, diverses peaux non tannées de cet animal, des échantillons remarquables de duvet d'Eider, de plumes d'oiseaux de mer, d'huiles de diverses sortes.

Cette exposition très-curieuse a droit à une récompense. La Commission demande pour la Direction Royale du Commerce du Groënland *une mention honorable* spéciale.

Quant au musée de Copenhague, son exposition si précieuse pour les ethnographes, les naturalistes, les archéologues, etc., mérite une distinction. Nous sommes d'accord avec le jury de la 1re section pour vous proposer pour ce musée une médaille dont nous laissons à votre sagesse de déterminer la valeur, en vous faisant remarquer que le Musée Royal de Copenhague est un des premiers établissements de ce genre en Europe et qu'il nous semble difficile de ne pas lui accorder une récompense tout à fait exceptionnelle (2).

(2) Les limites de ce rapport ne nous permettent pas de rentrer dans la description détaillée des nombreux et intéressants objets exposés par le Musée de Copenhague. Vous nous permettrez cependant, en raison de l'attrait de curiosité scientifique qui s'attache à leur étude, de vous citer quelques-uns d'entre eux.

Les Groënlandais ont une réputation très-établie de malpropreté. Les conditions climatériques dans lesquelles ces hommes vivent, contribuent beaucoup au peu de soin qu'ils prennent de leurs corps. Il ne faut pas croire qu'ils en manquent totalement. Ils ont l'habitude d'oindre leur corps d'huile de phoque, puis de racler leur peau avec un outil qu'ils appellent *Komansjut* (no 145 du catalogue). Les vêtements sont assez soignés et confectionnés en peaux de phoque (no 137). Ceux de femme (no 147) ne

DIVISION II.

Produits industriels des pêches, destinés à l'économie domestique, à l'agriculture, à la médecine, aux arts et à l'industrie, et produits directs des pêches, coraux, éponges, nacres, perles, etc. *(Section X du Catalogue.)*

Nous avons subdivisé l'étude des objets classés dans cette division ainsi qu'il suit :

§ Ier. — Produits industriels des pêches destinés :

A. — à l'économie domestique.
B. — à l'agriculture.
C. — à la médecine.
D. — aux arts et à l'industrie.

§ II. — Produits directs des pêches, etc., etc.

---

manquent pas d'une certaine élégance Nous avons remarqué une pelisse appelée en Groënlandais *kappisek*, une pelisse à air, de sûreté, appelée vulgairement *springels* et employée pour sauter en mer sur la baleine et en extraire le lard. Les sorciers du pays, moitié charlatans, moitié convaincus, portent habituellement une pelisse faite d'intestins de Phoque et nommée *Balear*. On voit encore dans cette collection un modèle d'habitation d'été, un d'habitation d'hiver, un traineau avec un harnais pour un attelage de sept chiens, une cravache pour mener ces chiens, dont la mèche est une série de lanières de cuir très-minces nouées bout à bout et formant un fouet de plus de quatre mètres. Mais ce qui surtout a attiré notre attention, ce sont les armes véritablement primitives dont se servent les Groënlandais. Ainsi que les habitants de la terre de l'âge de pierre, les premiers colons ne connaissaient pas le fer, et cela jusqu'à l'arrivée de Hans egede; aujourd'hui encore il est pour eux plus rare et plus précieux que l'or pour nous. Ils empruntaient aux animaux, leurs victimes, et aux objets qui les entouraient, des moyens de se défendre ou d'attaquer. Les fanons de la baleine leur fournissaient des arbalètes; leurs flèches étaient faites en os de rennes ou en pierre. Ce mode de fabrication d'instruments se retrouve encore de nos jours dans certaines îles à peine explorées de la nouvelle Calédonie. Leur existence moderne dans ces contrées, et l'existence historique de celles dont nous nous occupons, viennent donner plus de force encore à toutes les raisons qui établissent d'une façon péremptoire l'origine *humaine* des haches, flèches, etc, de silex taillés trouvés dans le Diluvium.

§ Ier — A. — Produits industriels des pêches, destinés à l'économie domestique.

Dans cette subdivision, nous comprenons toutes les conserves alimentaires de poissons, mettant de côté les salaisons et les procédés de conservations ordinaires (voy. VIIIe section); les préparations obtenues des poissons par des moyens particuliers, les conserves alimentaires végétales d'origine marine. Nous y avons fait entrer les conserves végétales d'origine terrestre destinées aux marins, les préparations d'origine animale ayant la même destination et les biscuits de mer.

L'examen de ces derniers objets rentrerait plus strictement dans les attributions de la section, chargée d'étudier l'armement et l'équipement des navires; mais on en a chargé la IVe section, à cause des connaissances spéciales que réclame leur étude.

Les conserves de poissons de la Norvége sont sans contredit les plus remarquables, tant au point de vue du goût, qu'au point de vue de la parfaite conservation.—Les procédés employés sont les mêmes que ceux qui sont en vigueur en France.—C'est le système Appert.

En première ligne, nous vous signalerons les conserves de homard de M. Thorne, (1) celles de saumon frais de M. Thams, (2) celles du saumon fumé de M. Talgren, les sardines ou sproots en pickles de Mme Smith. (3) Nous devons attirer spécialement votre attention sur les échantillons exposés par M. Thorne, (4) sous le nom de Pâte de poisson. Cette prépa-

---

(1) no 1777—1786 du catalogue, médaille à l'exposition de Bergen.

(2) no 1774 du catalogue, médaille à l'exposition de Bergen.

(3) nos 1768—1662 du catalogue, médaille aux expositions de Londres et de Bergen.

(4) ne 1997 du catalogue

ration exquise, d'un goût très-délicat, est constituée par de la chair de différentes espèces de poissons, pilée, assaisonnée, aromatisée, cuite, puis formant une pâte qu'on roule en boulettes, et qu'on conserve par le procédé ordinaire.—Nous le répétons, cette préparation pouvant être consommée seule, accompagner des poissons entiers, ou être utilisée dans les pâtés, les vol-au-vent, etc., nous paraît appelée à se répandre en France ; car c'est à la fois un aliment agréable et de facile digestion.

Bien au-dessous, nous plaçons les saucisses marinières de M. Rayer de Deauville (n° 925 du catal.) obtenues par un mode de préparation analogue.—Ce dernier en fabrique trois espèces, depuis 2 fr. jusqu'à 1 fr. 25 la boite, selon qu'elle contient les produits du Rougeot, du Chien de mer ou de la Roussette.

Les Sardines à l'huile étaient en grand nombre à l'exposition, et il faut le dire, beaucoup d'échantillons laissaient à désirer. —Nous avons pourtant remarqué celles de M. Soymié (n° 861 du catal.) qui a aussi envoyé du Thon mariné, du Homard conservé ; puis celles de M. Garraud.—Les huîtres marinées de M. Pignolet [1] ont aussi attiré notre attention.—Cette préparation utilisée comme hors-d'œuvre, est souvent indigeste, mais les échantillons que nous avons eus à notre disposition étaient de qualité réellement supérieure. Nous vous proposons de vouloir bien accorder à MM. Thorne, Thams, Nilsen, à Mm Ve Smith, *une médaille de bronze*,—et à MM. Heimerdenger à Hambourg, Garraud, Soymié, Talgren, Pignolet, *une mention honorable.*

Il est tout un ordre de produits dont l'étude nous a arrêtés d'autant plus longtemps, qu'ils étaient nouveaux pour nous ; je veux parler de la *Farine* de poissons et des produits secondaires qu'on en obtient.—Le Stockfish ou poisson séché sans

(1) N° 858 du catal. méd. aux exp. de St.-Lô, Rouen, Rennes et Nantes.

être salé, préparé principalement à l'aide de la Morue et du Charbonnier (Gadus Carbonarius), mais aussi de tous les poissons Gadoïdes, est moulu et donne une poudre improprement appelée *Farine*, assez fine, un peu grenue, de couleur blanche tirant un peu sur le gris, inodore, d'abord insipide, puis laissant un goût léger de poisson qui n'est pas désagréable.

La Compagnie pour la fabrication du Guano de poissons à Christiana en a exposé deux spécimens ; un de farine de Morue, l'autre de Charbonnier ; cette dernière est moins blanche que celle du Gadus Morrhna et coute meilleur marché, la première revient à 1 franc le kilogramme. En général cependant dans le commerce on vend les farines de différents poissons mélangés.—L'association des Négociants de Christiansund a envoyé à l'exposition, de la farine des différentes espèces de Gadoïdes : Morue, Lingue, Egrefin, Charbonnier, Brosme.

Le mélange à parties égales de cette farine animale avec de la farine de seigle est converti en biscuits [1] ayant la forme de tablettes carrées, ressemblant pour la couleur à notre pain de son ; ils ont un goût fade, peu agréable et de plus présentent l'inconvénient d'être coriaces et durs.— Par des procédés particuliers, les Norvégiens obtiennent du Vermicelle de Morue, de Brosme, de Charbonnier et même de Moules et de Homards.—Quelle peut être comme aliment, au point de vue nutritif, la valeur de toutes ces préparations ?—Suivant une note communiquée à MM. Lebeau et Lonquéty lors de leur voyage à Bergen (rapport sur l'exposition internationale de pêche de Bergen p. 32), des analyses chimiques accordent à la poudre obtenue du Stockfish ou farine de Stockfish, comme l'appelle un autre exposant M. Bordewick (n° 1886), quatre fois autant de substance nutritive qu'à la viande de bœuf ; quatre fois 1/2 autant qu'à la morue fraîche ; seize fois autant qu'au lait et au pain de seigle.

---

(1) Il est peu problable que ces biscuits qui se vendent à Bergen 1 fr. à 1 fr. 25 le kilogr. réussissent à être importés en France.

Quoi qu'il en soit de ces rapports d'aliment à aliment qui nous semblent emprcints d'une teinte plus ou moins prononcée d'exagération, il paraîtrait que depuis quelques années, l'emploi de la farine de poisson est devenu usuel en Norvége.—On en fait des biscuits (comme nous l'avons déjà exposé) et on s'en sert pour accompagner les volailles en guise de légumes ; on en fait différents mets dont la direction de la Société du Guano de Norvége nous a envoyé les recettes en même temps que la matière à examiner ; nous en reproduisons deux en note (1) pour vous donner une idée de ce que peut être l'art culinaire en Norvége.

M. Andr. Dahl d'Austadfjord (2) a envoyé un spécimen d'une farine de poisson peu employée jusqu'à présent ; je veux parler de la farine de Rogues. Tout d'abord on est prévenu en faveur de cette préparation par la pensée que, résultant de la pulvérisation des œufs de poisson, elle doit contenir des proportions marquées d'éléments nutritifs.—Elle se présente sous l'aspect d'une poudre plus fine, plus homogène que celle du poisson lui-même, d'un jaune paille foncé, d'un goût d'œuf prononcé ; nous sommes convaincus que cette nouvelle farine, soumise à l'analyse chimique donnerait des quantités assez élevées de phosphore. A cet égard, elle pourrait convenir comme aliment spécial et répondre à certaines indications

---

(1) *Recettes pour la préparation des plats de farine de Poisson.*

PUDDING (pour 8 ou 10 personnes), 3/4 de litre de farine de poisson,—1/4 de litre de fécule de pomme de terre.—1/4 de litre de biscuit pilé,—six œufs,—1/4 de litre de crême douce,—1/8 de livre (62 gr. environ) de beurre. La farine de poisson reste dans l'eau froide depuis l'après-midi de la veille, et avant de l'employer on en fait soigneusement sortir l'eau au moyen d'une cuillère dans un passoir. Les œufs et la crême doivent être bien fouettés séparément.

HACHIS DE POISSON (pour 12 ou 14 personnes). On met bouillir 3 litres de lait doux ; on y verse 1/2 litre de farine de poisson qui bout avec le lait pendant 1/4 d'heure ou un peu plus ; on y met ensuite des pommes de terre cuites, hâchées, en quantité suffisante pour donner au plat la fermeté du hachis ordinaire ; on y met aussi de l'oignon, du poivre, du sel, ainsi que de la graisse et du beurre.

(2) n° 1902 du catalogue.

comme analeptique reconstituant direct dans ler achitisme, les scrofules, etc.

J'allais omettre de vous signaler l'usage alimentaire des langues et des vessies natatoires de morue salées [1]. L'île de Cuba, La Havane, l'Espagne sont les marchés où ces produits s'écoulent avec le plus de facilité, les habitants de ce pays les accomodent au vin fort, et relèvent encore le goût de ce mets par des épices de toutes sortes.

Les Algues marines fournissent aux habitants pauvres des côtes de la Bretagne, de l'Irlande, un aliment peu substantiel, mais qui trompant leur faim, répare au moins un peu leurs forces par la quantité considérable de mucilage qu'elles renferment.—En outre plusieurs d'entre ces fucus (par exemple, le *fucus saccharinus*), se recouvrent lorsqu'on les laisse sécher, d'une efflorescence salino-sucrée assez agréable.

Ce n'est pas ici le lieu de s'étendre sur les ressources que l'on pourrait tirer au point de vue de l'économie domestique de ces énormes quantités de plantes marines.—Mais nous devons nous occuper d'une plante des bords de la mer, qui pourrait rendre de grands services, si son usage était répandu.

M. Nicole, administrateur-gérant de la Société de Pisciculture de la Basse-Seine au Havre, nous a adressé des flacons de Criste-Marine cueillie sur les bancs de l'embouchure de la Seine et « préparée en conserve à titre d'essai », ajoute l'étiquette.

La plante dont il s'agit, appelée sur nos côtes passe-pierre, scientifiquement Salicorne, *Salicornia herbacea*, L., appartient à la famille des Chenopodacées ; on la rencontre sur la

(1) Nous citerons les produits de M. Georges Krogh, négociant à Christiansund (nos 1956—57 du catalogue) récompensés à l'exposition de Bergen par une médaille ; ceux de M. Kraasby d'Aalesund (nos 1947—1950 du catalogue) ; ceux de M. Ellingsen de Christiansund no 1914 ; et enfin ceux de M. Aas de Christiansud (nos 1863—65).

plage, surtout dans les endroits un peu fangeux, en quantité souvent considérable.—Elle est aussi très-répandue dans les marais salés de la Lorraine, entre Dieuze et Moyenvic.

Dans tous les pays maritimes, les rameaux tendres, d'un goût salé, un peu piquant, sont mangés en salade ; leur structure cellulleuse se prête parfaitement à recevoir les aromates du vinaigre dans lequel on les confit comme les Capres.—L'essai que prétend avoir fait M. Nicole, vient un peu tard. Depuis longtemps les habitants de nos côtes du Boulonnais se servent comme assaisonnement de cette plante ainsi préparée. Elle est alors d'une grande efficacité contre le scorbut, tant comme moyen prophylactique que comme agent curatif. On en fait des conserves pour les marins. C'est en effet, à cause des propriétés antiscorbutiques que nous venons de signaler, un des aliments les plus propres à conserver la santé des équipages et des passagers dans les voyages de long cours. Le savant professeur de chimie de Rouen, actuellement doyen de la Faculté des sciences de Lille, M. Girardin, a décoré la Criste-Marine du nom de *Manne des Grèves*. Notre romancier humoriste, j'ai nommé Alphonse Karr, exprimait il y a une dizaine d'années dans un feuilleton ayant pour titre *Boutade Utilitaire*, le regret de voir les populations des rivages maritimes, dédaigner l'usage alimentaire de ce précieux végetal.

Depuis plus de 15 ans, M. Viau, propriétaire à Honfleur, fait préparer en grand des conserves de salicorne : dès l'année 1850, cette heureuse innovation alimentaire, avait déjà pris assez d'importance et d'extension pour mériter une médaille d'argent de la Société d'Encouragement.

La commission du cercle de la marine au Hâvre ne lui fut pas moins favorable, et en 1852, dit M. Cadet de Gassicourt (1) cette conserve était tellement répandue, que la marine marchande avait depuis quatre ans consommé plus de 30,000 kilogr. de salicorne.

La conserve de M. Nicole ne diffère en rien de celle de M.

---

(1) *Journal de pharmacie*, 1852.

Viau, laquelle est elle-même à peu de chose près, celle qui se fait dans les ménages de nos marins.

Il est étonnant que l'exposant ait ignoré qu'à quelques lieues de lui, on ne se contentait plus d'essayer.

Nous avons surtout insisté sur ce sujet à cause de l'extension que l'on pourrait donner à la fabrication de cette préparation alimentaire si utilisable, tant comme hors-d'œuvre et excitant les fonctions de l'estomac, que comme moyen puissant d'éviter les suites fâcheuses des navigations prolongées.

On sait que les acides associés aux végétaux sont reconnus comme les meilleurs, sinon comme les seuls antiscorbutiques vrais. L'État fait distribuer à ses marins, en cas de nécessité, des rations de suc de citron concentré. Ne serait-il pas possible de faire de grandes économies et d'arriver au même but, en lui substituant officiellement la Criste-Marine ?

L'exposition était bien pauvre en conserves d'origine terrestre destinées aux marins et aux voyageurs sur mer. Nous ne parlerons que pour mémoire des pois conservés qui étaient d'une qualité moins que médiocre.—Il y avait aussi quelques conserves norvégiennes de bouillon au milieu duquel nageait un morceau de bœuf; le tout de bon aspect et de bonne conservation.

Si les biscuits de mer n'étaient pas de provenance variée, ils auraient au moins l'avantage d'être tous de bonne qualité. —Pâte blanche, ferme sans être dure, cassante sans être friable, parfaite conservation, tout était réuni.—Malgré cette apparence d'égalité entre les produits exposés, de suite nous avons remarqué l'excellence des biscuits de M. Gendron de Couëron. Nous nous proposons de lui décerner *une médaille d'argent.*—Du reste la réputation de ce fabricant est déjà établie, basée sur la valeur réelle de ses produits et sur les récompenses qu'il a obtenues aux expositions d'Angers, St-Brieuc, Niort, Bordeaux, Toulouse et Bergen. Il joint à la confection des biscuits, la préparation d'une farine étuvée pour la nourriture des marins.

En seconde ligne nous placerons les biscuits de M. Van Berkum (n° 2064 du catal.) ils sont beaucoup moins blancs que ceux des autres fabricants français, d'un goût un peu amer, mais ils réalisent par leur composition même, un progrès qu'on ne peut trop encourager.—Par l'addition de 5°/₀ de gluten ou fibrine végétale, ils arrivent à contenir 25 °/₀ au lieu de 18 °/₀ de matière azotée.

Nous pensons que le jury fera un acte de justice, en décernant à M. Van Berkum *une médaille de bronze*, pour l'heureuse innovation dont je viens de vous entretenir et pour la qualité éminemment nutritive et plastique que leurs produits en retirent.

Nous vous soumettrons pour l'obtention *de mentions honorables* les fabricants suivants :

MM. Ficheux, de Dunkerque. Tétar, de Boulogne.	Biscuits de marins.
Soublin, de Fécamp..........	Biscuits de cabinet.

Leurs échantillons considérés isolément, sont remarquables ; mais comparés aux précédents, ils nous ont paru devoir occuper la troisième place.

Dans les bâtiments destinés à tenir longtemps la mer, qui n'ont pas de vaches à leur bord, ou qui, en ayant eu, en sont privés par la maladie, le manque de lait est souvent très-pénible. En France on en fait pour les expéditions lointaines des conserves assez bonnes. Tout va bien tant que la température ne s'élève pas trop et ne vient pas développer dans ce lait, malgré l'enveloppe de fer-blanc qui l'enferme, les fermentations butyriques et acétiques. Ces fâcheuses conditions s'observent toujours sous les tropiques. M. Rossing (n° 1224 du catal.) professeur de chimie à Aas (Norvége), paraît avoir obtenu un produit stable et ne devant pas être sensiblement modifié par les variations de température. Il expose une poudre de lait sucré.—Il n'indique pas le procédé au moyen duquel il a obtenu ce résultat ; mais nous tenons de M. Falot, médecin de la marine à bord du *Bisson*, que cette préparation réunit les meilleures conditions de parfaite conservation. — L'interposition du sucre et la forme pulvérulente qui implique l'absence d'humidité, contribuent puissamment à empêcher la décomposition sous l'influence de hautes températures; il est bien entendu qu'il est nécessaire que cette poudre soit maintenue dans des vases hermétiquement clos, et à l'abri de l'humidité atmosphérique.

Le goût en est agréable et indique nettement son origine; cette poudre est soluble en toutes proportions dans l'eau chaude, qui la transforme en une véritable tasse de lait sucré. Nous vous demandons pour l'habile chimiste norvégien *une médaille de bronze.*

Pour être fidèles au titre de cette subdivision, nous devrions parler ici des huiles pour l'éclairage, etc.; mais cette étude scinderait la question qui est renvoyée à la subdivision traitant des applications de la pêche à l'industrie, aux arts.

B. — Produits industriels de pêches, destinés à l'agriculture.

La mer ne se contente pas de nous laisser puiser dans son sein pour y trouver dans ses innombrables habitants une nourriture abondante; mais la poussière soulevée de ses flots brisés contre la plage fertilise les prés salés, que les grandes marées viennent de temps en temps couvrir et féconder davantage.

Cet engrais, si puissant qu'il donne à l'herbe et au mouton qui la broute un goût reconnaissable, vient s'épancher de lui-même sur un sol aride; mais l'homme est ainsi fait que, lorsque la nature lui montre une voie à suivre, il ferme les yeux à ses grands exemples et se renferme dans la routine de l'insouciance. Il a fallu des siècles pour que l'on employât comme engrais les plantes de la mer, qui, grâce à la grande faculté d'assimilation et d'accumulation des principes répandus dans le milieu où elles végètent, reproduisent avec usure la composition de la mer elle-même. — La vie est luxuriante dans l'Océan, des innombrables quantités de matière organique se déposent dans ses profondeurs ; eh bien ! il faut utiliser toutes ces ressources ; plantes marines, vases marines, sable coquillier, poissons, etc., origine de richesses pour l'agriculteur et d'économies pour le consommateur.

Actuellement, malgré les efforts faits dans ces derniers temps pour la propagation des engrais de toutes sortes, il faut encore insister sur la nécessité de n'en laisser perdre aucune parcelle, de les multiplier, de les soumettre à un judicieux emploi : la somme des engrais négligés ou perdus en France est incalculable. Mille substances abandonnées, répandues par la nature avec une riche profusion gisent souvent ignorées à deux pas du champ aride qu'elles fertiliseraient. De là, la nécessité d'éclairer notre agriculture et par-dessus tout nos agriculteurs du plus humble degré, nécessité qu'il faut démontrer partout où cette démonstration peut trouver sa place, sur tous les tons, sous toutes les formes.

« Pas d'engrais, pas de récolte, c'est là une vérité incontestable.—Le plus riche cultivateur est celui qui dispose de la plus forte quantité d'engrais, puisque les engrais constituent la nourriture des plantes et que les plantes vivent misérablement lorsque le sol n'est pas suffisamment fumé.

Les engrais convenablement employés sont la plus grande force de l'agriculture et par conséquent c'est par eux que diminuera très-sensiblement le prix de revient des produits agricoles de toute nature.

Malgré le bon vouloir des cultivateurs, il est souvent fort difficile d'obtenir tous les engrais nécessaires pour une grande exploitation.—Les engrais manquent, c'est un fait certain, eh bien ! malgré cette disette, on en laisse perdre des quantités énormes » (1).—Les différents débris de végétaux et d'animaux de la mer, peuvent être employés à servir d'aliments aux

(1) De Lavalette, *in* journ. *la France*, 2 août 1866.

plantes terrestres ; on trouve aussi dans la mer des matières inorganiques propres à *l'amendement* des terres, matières d'autant plus actives qu'elles ont été lomptemps baignées par la mer qui tient dans son sein une profusion si grande de substances azotées.

Voyons dans quelle mesure l'exposition internationale de pêche de Boulogne pourra donner d'utiles renseignements dans cette grande question des engrais.

Nous étudierons successivement : 1° Les engrais végétaux d'origine marine ; 2° Les engrais marins proprement dits ou vases de mer, sable coquillier, madrépores ; et 3° Les débris de poissons, les poissons putréfiés, saumures, etc., etc.

1° Engrais végétaux d'origine marine.

Les sciences et l'industrie ont fait tant de progrès dans les sociétés modernes, l'homme a su si bien faire servir à ses besoins la plupart des productions naturelles, à quelque règne qu'elles appartinssent, que nous ne pourrions répéter aujourd'hui avec le poëte romain le fameux

Projecta vilior vlga.

L'utilité directe que nous tirons des varechs ou goëmons, considérée dans ses rapports avec l'économie agricole et domestique, avec l'industrie et la médecine, ressort assez de l'abondance des produits ayant cette origine et figurant à l'exposition de Boulogne.— (Voyez *Produits chimiques obtenus des plantes marines.)*

M. Vincent (Henri-Aristide), a exposé sous le n° 939 du catalogue, des goëmons destinés à répondre à la première de nos catégories d'engrais. Ce fut le premier usage du Fucus et des Laminaires. A des époques fixes (entre la pleine lune de mars et celle d'avril), on les met en coupe réglée sur nos côtes occidentales. La Laminaire bulbeuse dont nous avons trouvé des fragments dans les échantillons exposés par M. Vincent, fournit d'excellent engrais, et les cultivateurs des environs de Brest la récoltent avec soin.—Ces plantes contiennent en abondance une substance mucilagineuse(Goémine), facilement séparable vu le peu de cohésion de la trame cellulleuse, et une quantité de sel marin qui augmente sans nul doute leurs propriétés fécondantes.

Le Goëmon est le seul engrais employé dans les terrains de l'île de Noirmoutiers. M. Hervé-Mangon (1) a voulu se rendre compte d'une manière expérimentale de la valeur de ce traitement du sol. Cet ingénieur a choisi comme sujet de ses analyses, des champs situés dans la partie la plus étroite de l'île, et qui ne reçoive que l'eau de pluie. Ces terrains forment de véritables polders depuis fort longtemps conquis sur la mer.

Pour mettre ces terres en culture, on laisse le champ en herbe pendant quatre ou cinq ans. On obtient sans fumure 2,000 à 3,000 kilogr. de foin par an et par hectare. On défonce cet espèce d'herbage en Décembre et Janvier. On y sème des fèves qui sont recueillies en Juillet et en Août. En Août et en Septembre, on donne un labour léger, on apporte 20,000 kilogr. de varech frais, que l'on dépose en petits tas, pour le reprendre à la fourche et l'enfouir le plus rapidement possible par un labour léger, et enfin l'on sème du froment. Pendant trois ou quatre ans on répète chaque année cette fumure et ces semailles, puis on fait une année de fèves sans fumure ; puis on revient, pendant trois ou quatre ans au froment fumé à 30,000 kilogr. de goëmon et ainsi de suite. Tous les quinze ou vingt ans, on remet en herbe, comme on l'a dit d'abord. Le produit est de 18 à 20 hectol. de froment par an. Tous les cultivateurs n'emploient pas une aussi forte fumure, mais leurs récoltes décroissent proportionnellement à la réduction de la quantité d'engrais employée. — M. Hervé-Mangon a analysé les fucus ou goëmons qui servent à fumer les terres de Noirmoutiers, et qui consistent en un mélange d'algues et d'un assez grand nombre de plantes marines. Il a déterminé la quantité d'azote existant en moyenne dans ces

(1) *Année scientifique* de L. Figuier 1860. p. 422.

amas de végetaux. Il a ensuite comparé, d'après cette donnée, la quantité d'azote que cet engrais fournit au sol avec celle que les récoltes enlèvent chaque année à ce même sol.

Le goëmon, dit M. Hervé-Mangon, employé à la dose de 30,000 kilogr. par hectare, apporte aux champs chaque année, 47 kilogr. 34 d'azote. Or, la proportion moyenne est de 19 hectol. de froment par an. Cette récolte représente à peu près 1482 kilogr. de grain et un poids double de paille, soit en tout 4146 kilogr. de récolte exportée, contenant 1 pour 100 d'azote en moyenne, soit 44 kilogr. 46 d'azote par an. L'azote exporté par la récolte du froment paille et grain, est donc sensiblement égal à l'azote importé par le goëmon. La récolte des fèves obtenue sans fumure tous les quatre ou cinq ans, et les récoltes de foin faites tous les 18 ou 20 ans, sont prélevées sur le petit excès de l'azote du fumier, sur celui de la récolte et sur les éléments de fertilité qu'un sol en culture tire toujours de l'atmosphère.

En résumé, la terre d'un polder vendéen est aussi riche en azote, après plusieurs siècles d'une bonne culture, que le sol d'alluvion qui le constituait au moment même de son endiguement.—Il serait à désirer que la vulgarisation de ce mode d'engrais permît de l'employer sur une grande échelle, même loin du point où on le recueille. On peut parfaitement laisser sécher à moitié les fucus ou *brais* comme les nomment aussi les Bretons, les couper, les diviser et les expédier dans ces conditions. Un nouvel apport d'humidité développerait dans les tissus de ces débris de végétaux marins, la fermentation nécessaire au dégagement des éléments de nutrition des plantes fourragères et des céréales.

On trouvera du reste dans la *Maison rustique du XIX*e *siècle*, t. II p. 92, des détails précis dans lesquels nous ne saurions rentrer ici, sur le mode d'emploi, sur les avantages de cet engrais et son appropriation à certaines terres, à certaines cultures.

Après l'extraction de la soude, (voy. *Produits industriels des pêches destinés aux arts et à l'industrie*), les varechs laissent un résidu nommé *Charrée*, utilisé comme engrais dans tous les points où l'encineration à lieu. M. Tissier (n° 933 du catalogue) en livre annuellement à l'agriculture 12.000 hectolitres.

2° *Engrais marins, mixtes et minéraux.*

Trois sources principales d'engrais minéraux gisent dans les fonds de la mer.

1° Les vases, qui poussées par le courant, viennent former en certains points des bancs qui ne sont pas sans danger pour la navigation. D'après M. de Luca, les vases marines contiennent autant et plus d'azote que les engrais dont on se sert habituellement, et d'après les analyses de M. Vergne, lieutenant de vaisseau, les vases de la rade de Toulon contiennent 0,72 de matières organiques azotées, et celle de la rade de Rochefort fournissent 0,81 de ces mêmes matières. En Bretagne quelques cultivateurs emploient la vase de mer, sous le nom de *tangue*.

2° Les coquilles fraîches ou fossiles, le sable coquillier ou traëz. Dès l'an 1740, on utilisait en Angleterre pour l'amélioration des terres, les énormes bancs de coquilles qui se découvrent à la marée basse dans la baie de Londonderry. En Touraine on utilise comme amendement des terres argileuses les coquilles fossiles, agissant par le carbonate de chaux qu'elles renferment. Les coquilles fraîches, recherchées sur quelques points de nos côtes sont employées en grand nombre en Angleterre.

3° Préoccupé de questions d'un ordre aussi élevé, M. Aristide Vincent (n° 939 du Catalogue), a adressé à l'exposition internationale de Boulogne, un échantillon d'engrais marin, avec un mémoire sur son emploi et le projet de son exploitation en grand. Cet engrais est constitué par des débris de madrépores polypiers formant un sable limoneux grossier, appelé *Moerl*.

Dans la rade de Brest, il y a 40 millions de mètres cubes de *Moerl* (*Moerl* rameux ou *Moerl* en boules), qui se reproduisent incessamment. On en pêche annuellement pour vingt mille francs seulement, cela n'est pas assez.

Il est regrettable que l'exploitation de ces richesses, soit rendue difficile. Malgré l'allocation de 50,000 fr. donnée par l'Empereur pour primes d'encouragement aux cultivateurs qui emploieraient le *Moerl* dans les côtes du Nord et le Morbihan, il y a encore beaucoup à faire dans cette voie. Nous ne suivrons pas l'auteur du mémoire, dans les développements qu'il donne à la question où, à travers des qualités sérieuses, on voit, il faut bien le dire, percer un peu de parti pris.—Malgré cette teinte d'amertume, le mémoire de M. Aristide Vincent a une valeur intrinsèque non douteuse ; la commission propose de décerner à cet ingénieur pour ses différents envois, une *mention honorable.*

3° Engrais d'origine animale.

On connaît l'emploi de la saumure comme engrais ; elle présente plusieurs inconvénients : d'abord l'état liquide, en second lieu, les qualités malfaisantes des émanations qu'elle produit. Les poissons putréfiés, les poissons morts, les animaux marins échoués, sont d'une grande utilité pour les localités qui se trouvent à portée de les recueillir.—La quantité de ses substances est du reste très-limitée.—Il n'en est pas de même des détritus de poissons, puisque l'on peut évaluer que dans les différents ports compris entre Dunkerque et Boulogne, les navires armés pour la pêche ont de 5 à 6 millions de kilogr. de déchets. Encore ne prend-on aucun soin pour les conserver.

Dès 1835 les débris de poissons et les morues mal conservées, mélangés aux boues urbaines, étaient vendus par la ville de Dunkerque aux fermiers des environs. Ils recueillaient ces vases composées dans des bateaux, les transportaient par des canaux à une ou deux lieues, en faisaient des tas mélangés par lits successifs et alternant avec de la marne, de la craie et de la terre. Ces composts n'étaient employés qu'après une année ou deux de repos. — Il ne manquait à cette pratique utile que d'ajouter de la chaux dans les proportions de 8 à 10 pour 100 des boues animalisées et d'opérer plus rapidement, par cet agent actif, les effets qu'on n'obtient que plus incomplètement et plus lentement avec de la marne. Le mélange de chaux hâtant la désorganisation des matières organiques avance nécessairement le moment de la maturité de l'engrais.

A la grande pêche de morues de Lofoten après la préparation du poisson, il reste une grande quantité de débris, tels que têtes, arêtes, entrailles et poissons de rebut. Autrefois ces résidus constituaient un grand embarras,on en jetait une partie à la mer avant de toucher à terre, au grand préjudice des bancs et des ports ; une autre partie était jetée non loin du lieu de déchargement et formait un énorme dépôt de plusieurs pieds de profondeur qui naturellement devait vicier l'air. Une très-petite partie servait de nourriture aux bestiaux. Afin d'utiliser ces quantités de matières d'engrais, la Compagnie norvégienne de guano de poissons fut fondée en 1855. Dès l'abord la fabrique installée à Lofoten pour la préparation de ces résidus eut à surmonter certaines difficultés, n'ayant pas de moyens de moudre assez fin cette matière qui en séchant devient une masse extrêmement dure. La Compagnie obtint enfin une machine convenable, et depuis 1859 elle a fourni en gros le guano de poisson exposé ici. La préparation s'en fait ordinairement de la manière suivante. On creuse une fosse large, dont le fonds est couvert d'une couche de terre glaise. On y dépose les débris de poissons par lits de 15 à 20 centimètres, que l'on recouvre alternativement d'une couche égale de chaux. On remet la terre sur le tout et on retire l'engrais au bout de cinq à six mois. Il est alors moulu, réduit en poudre grossière et livré au commerce.—Il arrive quelquefois que les fabricants font moudre immédiatement des débris de poissons trouvés ou recueillis à l'état sec.

Le guano de poisson exposé sous le n° 1881, se présente sous l'aspect d'une poudre grise, grenue, légère, presqu'inodore. —On comprend les heureuses conséquences de ces propriétés. —Le transport en est facile et exempt de danger ; aussi pensons-nous la fabrication de ce produit appelée à une grande extension.

Voici d'après les analyses fournies par la Société de guano de poisson de Norvége, les proportions de matières contenues dans leurs échantillons :

Analyse chimique.

Par qui et où l'analyse a été faite :	Eau.	Parties organiques.	Phosphate de chaux.	Sels alcalins, y compris sel de cuisine.	Carbonate de chaux. Plâtre.	Sable.
1. M. le profess[r] Slockhardt, à Tharand, Saxe, 1860....	12,30	53,17	30,15	3,00		0,05
2. MM. Orsted et Groth, 1861, Copenhague..........	16,64	50,74	26,04	6,90		0,28
3. MM. Orsted et Groth, 1861, Copenhague..........	14,31	53,31	25,00	5,86		0,62
4. M. Ditten, pharmacien, à Christiana, 1860.............	13,00	55,28	25,70	3.67	2,06	0,28

Les sus-dites parties organiques contiennent d'après l'analyse ci-dessus :

N° 1,—8 15 °/₀ d'azote, correspondant à 9 90 °/₀ d'ammoniaque.
2,—7 89 — à 9 58 —
3,—7 99 — à 9 70 —

La quantité d'azote des parties organiques trouvées par l'analyse n° 4 correspond à 10 98 °/₀ d'ammoniaque.

Il résulte d'analyses comparatives citées dans un mémoire de M. Spiers à l'appui d'un appareil qu'il a exposé, mémoire sur lequel nous reviendrons bientôt, que la moyenne des six analyses faites par les docteurs et professeurs Way, Hockard, Valecker, Medlock, Nesbit, Secherer et Hausmann, donne pour l'azote 9 72, équivalant à 12 01 d'ammoniaque.

Ces chiffres, quoiqu'un peu plus élevés, diffèrent peu de ceux obtenus en Norvége. — Cela nous paraît tenir à ce qu'en

Angleterre où on a fait ces recherches chimiques, on emploie moins ou peut-être pas du tout de chaux dans le mélange ; il en résulte que, pour un même volume, la proportion des parties organiques se trouve plus grande.

Comparons maintenant ces proportions avec celles que présente le guano du Pérou. Voici l'analyse de ce dernier publiée récemment par M. Nesbitt. Elle a été faite sur des échantillons provenant du guano de Chincha.

Eau	15 82
Parties organiques et sels ammoniacaux	52 52
Phosphate de chaux	19 52
Acide phosphorique	3 12
Sels alcalins	7 56
Silice, sable	1 46
	100 00

Phosphate de chaux soluble (Neutre)	6 76
Id. insoluble (Basique)	19 52
	26 28

Azote dosé	14 29 °/₀
Répondant à ammoniaque	17 32 °/₀

Ces proportions d'azote et d'ammoniaque sont plus élevées que celles obtenues avec le produit norvégien ; mais il faut observer qu'elles ont été prises sur des guanos dits *ammoniacaux*. Le guano de poisson tient le milieu entre ces derniers et ceux dits *Terreux* où dominent les phosphates, et qui sont très-pauvres en matières organiques.

Si l'on compare les analyses que nous avons données à celle de M. Nesbitt, on est frappé des rapports qui existent entre la quantité des principes contenus dans l'un et l'autre produit. Cette analogie de composition qui fait déjà pressentir une analogie d'action, est facile à expliquer.— La provenance est la même.—D'un côté, en effet, on a affaire à des détritus de poisson privés de leur eau et désagrégés ; de l'autre ce sont d'innombrables oiseaux marins nommés communément *Guanaes*, se nourrissant exclusivement de poissons, qui, depuis des époques indéterminées vont déposer leurs déjections sur certains points de la côte péruvienne. Or, comme les déjections viennent des aliments, le guano, qui est le résultat de ces dépôts, représente une masse énorme de substances organiques ayant appartenu aux habitants de l'Océan, détruits par les oiseaux pêcheurs.

En résumé, l'origine, la composition, sont comparables. Nous verrons bientôt que les résultats de l'emploi du guano norvégien, le cède à peine à celui du Pérou.

La richesse en azote et en phosphate qui caractérise le produit norvégien l'a fait promptement rechercher pour les besoins de l'agriculture. L'usage n'en est pas resté longtemps limité au pays où il a été pour ainsi dire découvert. Dès 1861, l'exportation de ce fertilisant engrais atteignait 130,000 kil. pour arriver en 1862 à 377,500, en 1863 à 405,032, en 1864 à 371,635, et en 1865 à 597,741 kil.. Ces chiffres se sont répartis suivant les pays, ainsi qu'il suit :

	1861.	1862.	1863.	1864.	1865.
	Kilos.	Kilos.	Kilos.	Kilos.	Kilos.
Danemark	52,000	66,750	—	—	201,787
Hambourg	75,250	2,500	51,875	76,475	101,200
Grande-Bretagne	3,250	—	—	—	—
Holstein et Altona	—	177,500	148,000	—	96,750
Prusse	—	120,000	—	—	—
Pays-Bas	—	0,150	0,090	—	—
Suède	—	4,100	17,187	6,250	—
Russie et Finlande	—	6,500	0,100	—	—
France	—	—	187,780	288,910	198,004
	130,500	377,500	405,032	371,635	597,741

On peut voir, d'après ces tableaux, que l'Allemagne et la France occupent la première place dans l'importance des importations et que si notre pays a été un des derniers à se pourvoir de ce puissant engrais, il a continué, sauf quelques légères oscillations, à tenir avec la Norvége des marchés très-élevés.—Cet écoulement facile de ce produit a été la cause de la mise en valeur des déchets qui étaient autrefois un embarras ou dont on encombrait les baies et les ports ; aussi les têtes de morues se vendent 30 skillinge et les arêtes 24 skillinge le cent (un skillinge équivaut à 0 f. 04 $\frac{3}{4}$ de notre monnaie). Le guano de poisson se vend au cours moyen 45 fr. les 100 livres. La Compagnie en a créé un dépôt chez MM. Frolich et Sundt à Christiania : pour le détail, 50 kil. coûtent 30 skillinge, plus 2 skillinge pour l'emballage.

En comparant expérimentalement les effets du guano de poisson et de celui du Pérou, le professeur Stockhart de Tharand (Saxe) a obtenu les moyennes suivantes : le premier été, après l'emploi de 500 grammes de guano de poisson pour diverses espèces de céréales, telles que blé, orge et avoine, le résultat en moyenne, après 25 essais, a été de 3 kil. 050 de parties sèches. Avec 500 grammes de guano du Pérou, pour les mêmes espèces de grains, la moyenne a été après 25 essais de 3 kilog. 100 de parties sèches.

Après l'emploi de 500 grammes de guano de poisson pour des pommes de terres et des betteraves, le résultat obtenu après 17 essais était de 7 kil. 800 de racines et de tubercules.—500 grammes de guano du Pérou ont donné en moyenne après 17 essais, 8 kil. 650 de racines et de tubercules.

Ces expériences font voir que le guano de poisson employé pour les céréales d'été, peut être estimé à peu de chose près, égal à celui du Pérou.

Avec les céréales d'hiver, dans les essais faits à Tharand, dans les années 1858 et 1859, on a obtenu les résultats suivants :

Quantité d'engrais calculée sur un hectare de terrain en Saxe, qui est égal à 28075 pieds norvégiens, et en chiffres ronds 2 mesures 1/2 de terrain; en mesures métriques 3,000 mètres carrés environ.	1858 — Seigle d'hiver parties sèches.		1859 — Effets ultérieurs sur pommes de terre.	
	kil.	gr.	kil.	gr.
Sans engrais........................	3	—	8	25
50 kilog. de guano de poisson....	7	25	12	17
50 id. du Pérou......	8	88	14	—
100 id. de poisson....	10	75	15	16
100 id. du Pérou......	9	—	17	—

Le guano de poisson doit être employé de la même manière que le guano du Pérou, mais le terrain ne doit pas être retourné profondément, car les deux parties essentielles que le guano contient, la chair et les arêtes de poisson, doivent subir avant d'agir sur les racines des plantes, des changements de décomposition et de dissolution putride, où la présence de l'air joue un rôle nécessaire.

Il est bon autant que possible de répandre le guano sur le terrain une semaine ou une quinzaine avant d'y semer le blé et de ne pas herser profondément.

Afin d'obtenir un bon fumage, on doit mettre 100 kilogr. pour un hectare de Saxe (3,000 mètres carrés 66 livres 8 norvégiennes pour une mesure de terrain) proportion analogue à celle du Pérou. Sur une terre légère, 50 kilogr. ou 50 kilog. 500 gr. doivent pourtant suffire. Pour les graines d'automne, le guano ayant plus de temps pour se décomposer, on peut compter sur le succès; mais si l'on emploie du fumier d'étables en même temps, il vaut mieux le mêler au guano, afin d'en faciliter la fermentation. Le résultat des semailles de printemps est plus certain si le fumier d'étables est mêlé au guano de poisson ou celui-ci avec 1/3 ou 1/4 de guano du Pérou, surtout si le temps est sec. Ce mélange rend

3

les jeunes pousses plus vigoureuses que si le guano de poisson était employé seul. Le guano de poisson peut aussi être utilisé avec d'autres engrais et, dans ce cas, la fermentation se produit plus tôt. Il forme alors un engrais mixte (compost) des plus actifs.

Le guano, aussi bien que les résidus de poissons frais, peut être avantageusement mêlé à la chaux. Pour répandre également le guano et l'empêcher de s'envoler, on le mélange d'un peu de terre comme pour le guano du Pérou. N'étant pas soluble, le guano de poisson ne peut être employé comme engrais liquide ; mais si toutefois on veut rendre le liquide du fumier plus fort, on peut le laisser fermenter quelque temps avec le guano de poisson.

Les importations de la Norvége en guano de poisson, démontrent assez l'industrieuse activité avec laquelle les pêcheurs et les marchands de ce pays s'attachent à convertir en produits utiles de toutes sortes et à faire valoir tous les éléments de travail et de fortune qu'ils ont dans les mains (Lebeau et Lonquéty, p. 30). Ces exemples ont été promptement suivis. Un industriel français, M. Rohart, a d'abord établi à Christiansand, puis transféré dans les îles Lofoten à Kerkenwaagen, de vastes ateliers de fabrication pour le guano de poisson. En Angleterre, il a été créé dans le même but une usine importante à Great Yarmouth. M. Maas, consul à Copenhague au nom de la fabrique de Kyestemmide a exposé deux échantillons de guano différents ; l'un ressemblant à celui de Norvége, l'autre dit sulfaté, dont voici la composition :

Eau	15,41
Phosphate de chaux	12,32
Sulfate de chaux	25,88
Sulfate d'ammoniaque	2,82
Sulfate de potasse	2,34
Matières organiques	40,97
Sable	0,26

On peut juger d'après cette analyse que cette variété d'engrais est surtout remarquable par des proportions plus considérables de sulfate de chaux, ce qui doit lui donner des propriétés fertilisantes spéciales.

La France, nous l'avons vu, manque d'engrais ; elle paie à l'étranger un large tribut pour satisfaire aux besoins incessants et progressifs de l'agriculture ; elle a recours à l'importation du guano du Pérou et du guano de Norvége ; au premier, pour près de 50 à 60 millions, au second, pour une moyenne de 200,000 francs.

Il serait à désirer que le guano du Pérou soit pour les deux tiers au moins remplacé par le guano de poisson, et en second lieu, que le pays se suffît autant que possible à lui-même. C'est cette question que M. Spiers a essayé de résoudre dans le mémoire que j'ai eu l'occasion de citer précédemment. Il n'est pas du reste le premier qui ait eu l'idée d'utiliser les résidus des pêches. Nous pensons que l'initiative en revient à M. de Malus, qui eut plus tard pour collaborateur M. Thurneynen avec lequel il établit une usine à Concarnau, entre Lorient et Brest, à un kilom. environ de Quimper. Actuellement la Société Générale Maritime est devenue propriétaire des procédés de fabrication et elle en a exposé les produits au Palais de l'Industrie. Depuis 8 ans une usine de même nature fonctionne à Terre-Neuve. Les moyens mis en usage pour obtenir l'*engrais poisson*, comme l'appellent les promoteurs de cette fabrication que nous venons de nommer, consistent à opérer d'abord la cuisson des matières tout humides, poissons entiers et débris, dans une chaudière à double enveloppe ; on y introduit la vapeur sous une pression de quatre à cinq atmosphères. Cette cuisson est achevée en une heure au plus. Elle a pour but de faire perdre à la substance le plus d'eau possible. La substance cuite est soumise à une pression très-forte. On obtient ainsi des tourteaux, qu'on divise à l'aide d'une râpe semblable à celle qu'on emploie pour les betteraves dans les fabriques de sucre. Puis la pulpe qui résulte de ce travail est soumise à une dessiccation méthodique dans une étuve, où la reçoivent des châssis de toiles tendues, entraînées dans un sens contraire à celui que suit l'air chaud en mouvement. Enfin la matière desséchée est jetée dans la trémie d'un moulin qui la réduit en poudre fine et parfaitement sèche, prête à être livrée à l'agriculture. Revenons au travail de l'exposant ; nous verrons qu'en beaucoup de points ses appareils reproduisent les phases que nous venons de parcourir dans la description des procédés de MM. de Malus et Thurnegneen, nous verrons que M. Spiers a simplifié l'opération et rendu la mise en pratique plus facile. Il s'occupe d'abord de l'approvisionnement des détritus. Outre ceux des pêches qui ne seraient plus négligés, il propose d'avoir recours à l'innombrable quantité de débris qui se produisent lors de la pêche de la morue en Islande. A Terre-Neuve il se perd environ 120 millions de kilog. de ces débris et de chiens de mer. Au lieu de rejeter ces richesses, on les conserverait. A une certaine distance des pêcheurs, se tiendrait un bateau *récolteur*, qui, à un signal convenu, viendrait opérer le transbordement des débris de la pêche du jour.—Le bateau récolteur suffisamment chargé gagnerait le port le plus voisin où seraient établis les appareils de dessiccation dont nous allons bientôt faire connaître le mécanisme et reviendrait s'approvisionner de nouveau. Au lieu d'opérer à terre il ne serait pas impossible d'installer ces appareils à bord d'un petit bateau à vapeur.

Les appareils proposés dont nous possédons un modèle en petit, consistent dans des appareils de trituration, de division de débris, et des appareils de dessiccation.

Pour répondre à la première de ces opérations, M. Spiers a fait construire une paire de cylindres cannelés, au dessus de laquelle il dispose des hachoirs circulaires. L'ensemble de ce mécanisme reçoit son mouvement à l'aide d'une manivelle à la main ou mue par tout autre force motrice ; le poisson est jeté dans une trémie et passe dans les hachoirs, puis enfin dans les cylindres cannelés où il subit une première dessiccation qui le débarassera de ses aquosités.

Les parties liquides sont conduites dans un réservoir spécial. La chair et les arêtes restent sur une claie à secousses, qui les introduit dans un second appareil que nous allons décrire et qui se nomme *appareil de dessiccation.*

Appareil de dessiccation.—Cette seconde partie du matériel se compose d'une série de récipients en tôle superposés et communiquant l'un dans l'autre, de manière qu'un râteau rayonnant dans l'intérieur puisse faire passer la matière de haut en bas.

Les parois de cet appareil de dessiccation étant échauffés soit à la vapeur, soit à l'air chaud, le poisson se trouve graduellement chauffé et parcourt une surface considérable avant d'en sortir. On répète le travail une, deux, ou même trois fois, en rejetant successivement la matière qui sort et en la forçant à repasser dans les mêmes contours, jusqu'à ce que le produit prenne à l'œil une consistance sèche et puisse être facilement empilé.

Il est évident que, arrivé à ce point de dessiccation, il pourrait être logé dans les cales des navires, mais M. Spiers pense que, tant pour l'arrimage que pour la facilité du chargement et du déchargement, le guano obtenu par l'opération que nous venons de décrire serait mieux encore, s'il était comprimé fortement ainsi qu'on le fait pour les agglomérés de houille.

Pour parvenir à ce résultat, il a imaginé une plaque tournante pouvant pivoter et présenter successivement à l'action d'un piston hydraulique, une matrice dans l'intérieur de laquelle on aura mis le produit à comprimer. Le piston hydraulique assez semblable au cric hydraulique, pourra comprimer facilement 10 kilog. de matière à chaque ascension du piston.

Un appareil compresseur de ce genre, sans exiger d'autre force motrice que celle que lui imposera un levier manœuvré par deux hommes, pourra satisfaire à une compression de plusieurs tonnes de guano par jour.

Il faudrait entrer dans plus de détails pour spécifier les fonctions mécaniques des principaux organes de ces appareils, mais le modèle exposé en donnera une idée plus claire que toute explication technique.

A l'aide de ces procédés, 70,000 kilog. de débris donnent

25,000 kil. de guano de poisson ; plus 100 litres environ d'huile de poisson.

En Angleterre, le guano de poisson de l'usine du Great Yarmouth vaut 200 fr. les 1000 kil. A l'exposition de Bergen, cet engrais était offert à raison de 140 fr. la tonne. Il se vend actuellement aux îles Lofoten 10 fr 50 le quintal, emballage compris.

Nous nous sommes longuement appesanti sur ce sujet, parce que, nous le répétons, cette exploitation, l'établissement de cette industrie en France, semble devoir contribuer à alléger les dépenses de nos agriculteurs, en leur offrant dans de meilleures conditions de prix, un engrais aussi riche en principes fertilisants et peut-être d'une action plus durable que le guano du Pérou.

La pêche de la morue à Terre-Neuve donne actuellement 1,400,000 tonneaux de poissons frais, dont 700,000 tonneaux sont utilisés par les pêcheurs, et 700,000 jetés à la mer ou abandonnés sur le rivage. Ces 700,000 tonneaux de matières restées inutiles, peuvent fournir après traitement convenable, environ 22 °/₀ de leurs poids, ou de 140 à 150 millions de kilog. d'engrais, c'est le chargement de 300 navires de 500 tonneaux ; c'est la fumure de 500,000 hectares à 400 kilog. par hectare.

Devant l'éloquence de ces chiffres, comment ne pas s'étonner que ces richesses qui sont presque nationales soient à peine exploitées ? comment, après les détails dans lesquels nous sommes entrés, ne pas encourager tous les efforts qui tendront à donner aux habitants de nos côtes la louable et profitable pensée de convertir en produits utiles des substances abandonnées et mêmes nuisibles ?

L'étude de cette subdivision nous a fourni l'occasion de vous prier de décerner des *médailles de bronze :*

à la Société du Guano de Poisson à Christiansund, déjà honorée en 1863 d'une médaille d'argent à l'Assemblée danoise d'agriculture à Odense ;

à M. Bordewyck;
à M. Spiers;

une *mention honorable*, à M. Aristide Vincent.

Lorsqu'on emploie les détritus de poisson sans les avoir préalablement soumis aux différents traitements sur lesquels nous venons de nous étendre, ils sont rapidement livrés à la décomposition putride. Cette décomposition peut amener des accidents par le dégagement considérable des gaz ammoniacaux qu'elle engendre. Pour parer à cet inconvénient, qui peut compromettre la salubrité d'une façon plus ou moins grave, on a essayé plusieurs moyens. Les uns étaient insuffisants, les autres trop dispendieux, ou bien encore leur adjonction aux corps à désinfecter en altéraient les propriétés fertilisantes ou même les annihilaient.

MM. Blanchard et Chateau nous ont envoyé, pour répondre à ce besoin, une tourie d'une solution concentrée de phosphate acide double de magnésie et de fer, qu'ils fabriquent en grand pour la fixation, par voie de précipitation à froid, de l'ammoniaque libre ou faiblement combinée contenue dans les matières fécales des fosses d'aisance, les urines, les eaux de gaz, etc. Ils livrent leur produit à l'agriculture et à l'industrie au prix de 55 francs les 100 kilog., emballage en sus et pris en gare à Paris. Les livraisons se font en tourie de 75 à 80 kilogrammes et en fûts de 200 kilogrammes.

Le phosphate acide marque 35° au pèse-acides et contient 230 grammes d'acide phosphorique anhydre par kilogramme ; le litre pèse 1,300 grammes.

Un litre de ce liquide mélangé avec 4 ou 5 litres d'eau suffit pour désinfecter un litre cube de matière, soit 10 hectolitres. Ce composé, mis en contact avec les matières putrescibles dégageant des gaz ammoniacaux sulfurés, a la propriété de fixer l'ammoniaque, de la solidifier en quelque sorte à l'état de phosphate ammoniaco-magnésien, sel insoluble si préconisé comme engrais par M. Boussingault, et de décomposer leur soufre en sulfure insoluble et inodore : le produit amène ainsi forcément la désinfection.

On a observé que les engrais qui dégagent des vapeurs de carbonate d'ammoniaque perdent de leur force, car les fluides qui s'échappent contiennent un principe fertilisant. La fixation de ce corps condense donc l'engrais. Ce dernier, traité par le phosphate de fer et de magnésie, est encore enrichi par l'apport d'acide phosphorique. Les détritus de poisson peuvent ainsi être suffisamment désinfectés et manipulés sans danger, tout en conservant leur valeur au point de vue de leur utilisation agricole. Les produits de cette nature ne rentrant pas directement dans ce qui a trait à la pêche et à ses moyens, la commission a regretté de se voir obligée de les exclure du concours, mais elle a tenu, à défaut d'une récompense qu'ils méritent à tous égards, qu'il leur fût assuré dans ce travail une mention détaillée en rapport avec l'importance de leur but et les résultats de leur emploi.

C. — Produits industriels des pêches, destinés à la médecine.

HUILES DE POISSON.

Les huiles de poisson sont en grand nombre à notre exposition ; mais ce sont surtout les huiles de foie de poisson qui prédominent, et à leur tête, d'une façon pour ainsi dire exclusive, l'huile de foie de morue.

Nous avons reçu les échantillons d'huiles suivants :

Huiles de foie de morue de nuances diverses.
de foie de lingue. — *Molva Vulgaris.*
de foie de raie. — *Raja Batis.*
de foie de squale. — *Squalus Spinax*, etc.
de foie de merlan. — *Merlangus Vulg.*

Huiles de phoque. — *Phoca Vitulina.*
de marsouin. — *Phocoena*, *Delphinus comm.*
de dauphin. — *Delphinus Globiceps.*

On voit par cette énumération que, pour faciliter la description, nous avons suivi la classification commerciale qui confond à tort, sous le titre général d'*huile de poisson*, le produit obtenu des poissons et ceux obtenus des cétacés.

Nous nous occuperons tout d'abord des huiles de foie de morue, dont l'importance est si réelle et si universellement reconnue, au point de vue médical, dont les indications sont si multipliées, que cet agent est devenu un médicament, ou pour employer l'expression de M. Bouchardat, un « aliment populaire. »

Le rôle qu'elle joue dans l'industrie sera étudié dans la subdivision suivante en même temps que les huiles de phoque, dauphin, etc. A elle seule, l'huile de foie de morue comptait près de soixante exposants.

Avant de décerner la palme aux plus méritants, la commission a dû se livrer à un travail minutieux, rechercher, chose nécessaire en pareil cas et pourtant bien controversée encore, qu'elle était au point de vue médical la meilleure variété d'huile de foie de morue, étudier le mode le plus parfait de préparation, etc., établir les falsifications qu'on fait subir à ce produit et montrer les moyens de reconnaître sa pureté, etc. La quantité relativement très-considérable d'huiles de différentes provenances, nous a permis d'acquérir des idées d'ensemble basées sur de nombreuses comparaisons. Les opinions n'ont tant varié sur la valeur de telle ou telle espèce, que parce qu'on s'est toujours tenu à une appréciation isolée : il en est résulté que le produit en lui-même quoique très-répandu, n'est pas très-connu parce qu'il a été peu comparé. Nous avons saisi l'occasion exceptionnelle que nous fournissait le groupement des échantillons divers, pour essayer de jeter un peu de lumière dans le chaos des opinions actuellement en présence.

Origine.

Les huiles exposées viennent presque toutes de la Norvége. Aussi, notre travail portera-t-il plus spécialement sur les produits de ce pays, qui dans l'exposition présente a pu nous donner la mesure de son intelligente activité. La Hollande et le Danemark nous ont envoyé peu de spécimens de leur fabrication. La France est représentée par trois fabricants de Dunkerque, un de Saint-Pierre et Miquelon, un de Fécamp. L'Angleterre, quoique produisant beaucoup, ne nous a adressé qu'un seul échantillon.

L'huile de foie de morue est fournie principalement par la morue proprement dite, morue franche, cabeliau, cabillaud, *Gadus Morrhua*, L., *Morrhua Vulgaris*, J. Cloquet, appartenant à la tribu des Malacopterygiens subbrachiens et à la famille des Gadoïdes. Mais plusieurs autres variétés de cette famille sont utilisées dans le même but. Nous citerons comme le plus fréquemment substituées à la morue proprement dite : 1° le dorche ou dorsh (*Gadus Callarias*, L. ; *Asellus Striatus*, *Morrhua Callarias*, Cuv.) ; 2° la lingue (*Gadus Molva*, L., *Asellus Lingus*, *Molva Vulgaris*, *Lota Molva*, Nellson) ; nous avons plusieurs échantillons de l'huile obtenue de son foie exclusivement ; 3° le charbonnier ou merlan noir (*Gadus Carbonarius*, L., *Asellus niger*, *Merlangus Carbonarius*, Cuv.); 4° le haifish (*Gadus Pollachius*, L.); 5° l'égrefin (*G. Eglefinus*); 6° le capelan ou petit-officier (*G. Minutus*, L.).

Il existe encore une certaine quantité de poissons voisins utilisés dans la fabrication de cette huile. Mais le dorche et la morue proprement dite fournissent la plus grande partie des foies employés pour l'usage médical.

Quelques personnes pensent que l'huile de Norvége préparée à l'aide des foies du dorsh le cède en qualité à l'huile préparée sur le banc de Terre-Neuve à l'aide du cabillaud. En Norvége, cette dernière est aussi considérée comme la plus agréable au goût et la plus efficace.

L'huile préparée à l'aide des foies du charbonnier (*Seï* en Norvégien), ne possède ni le goût ni les qualités spéciales à celle de morue. Il arrive pourtant que les deux foies sont mélangés ; mais l'huile de *seï*, soumise à l'action du froid (la pâle et la noire) se fige au moindre abaissement de température, ce qui n'a pas lieu pour celle du *Gadus Morrhua.*

L'huile pâle du *seï* (crue, bien entendu) passe pour être plus claire que celle du dorche ; l'huile noire est au contraire plus foncée, cette dernière plus dense tient en suspension des matières solides qu'elle dépose à la longue.

L'huile du *Gadus Pollachius* exhale une odeur fortement répugnante, par la seule raison que les foies ne dégagent que très-lentement l'huile, de sorte que cette dernière n'est recueillie que lorsque la putréfaction est très-avancée.

En somme ce sont surtout les espèces dont la chair est estimée soit à l'état frais soit à l'état salé, qui ont été reconnues comme meilleures pour la production de l'huile de foie.

Il est rationel de penser que l'individu qui fournit un bon aliment doit fournir un bon médicament. Du reste nous devons nous rappeler que Bouchardat avait appelé l'huile de foie de morue un *aliment* plutôt qu'un médicament populaire.

Que l'huile de foie vienne du *callarias* ou du *G. morrhua* proprement dit, peu importe, la grande question est qu'elle ait pour origine une des espèces à chair recherchée pour ses qualités sapides et alimentaires.

Epoque de la pêche.

La pêche en Norvége se fait en février, mars et avril, c'est aux îles Lofoten que les foies sont réputés les plus propres à la fabrication d'une huile de bonne qualité. On ne peut affirmer si la morue pêchée dans un moment plus avancé de l'année à Finmach, possède l'efficacité de l'huile ordinaire, mais elle a un goût bien différent, qui est très-désagréable et peut être attribué à ce que la morue se nourrit alors d'un petit poisson appelé en Norvége *loedden*, et employé comme appât (c'est l'*Osmerus Arcticus* ou *Mellotus Groenlandicus*, variété d'éperlan). Le goût en est très-mauvais. Il est probable que son ingestion communique à la morue, à ses organes et à l'huile qui en est extraite, cette saveur désagréable qui lui est propre.

Modes de préparation.

Autrefois, en Norvége, en Islande, à Terre-Neuve, la fabrication de l'huile de foies de morue était sacrifiée à celle du poisson salé ou séché. En effet l'huile n'avait d'autre destination, pour la blanche, que de servir à l'éclairage, pour la brune, que d'être employée comme corps gras dans la corroierie, pour assouplir et conserver les cuirs.

Les procédés d'extraction primitifs sont tous fondés sur la fermentation putride des foies ; c'est là l'origine de la couleur plus ou moins foncé, de l'odeur nauséabonde et de la saveur repoussante des huiles obtenues par ces procédés que nous allons décrire en détail.

Nous verrons plus tard qu'on a donné à ces huiles, par opposition à celles résultant d'une préparation différente, le nom d'huiles *crues.*

Quand les morues sont pêchées, on les ouvre et on en enlève les foies que l'on jette dans de grandes cuves en bois, appelées *charniers,* contenant chacune environ 20 à 30 tonnes, percées à leur partie inférieure d'un grand nombre de petits trous.

Exposés au soleil et constamment remués, les foies restent dans ces réservoirs jusqu'à ce que la décomposition commence. Leur parenchyme se dilate, éclate et laisse échapper de ses cellules l'huile qui vient surnager à la surface ; à mesure que cette séparation s'opère, l'huile est enlevée et déposée dans d'autres réservoirs où elle est clarifiée ; les sérosités et le sang s'écoulent par la base des tonneaux. Cette première huile est d'un jaune clair, limpide, peu odorante. A mesure que la putréfaction avance, l'huile prend une teinte plus foncée ; elle absorbe propablement, sous l'influence de la fermentation, quelques parties de sang et aussi l'oxygène de l'air qui favorise la formation des acides gras produisant la rancidité ; ces secondes huiles donnent ainsi graduellement les nuances dites : blonde, ambrée, brun clair, brun foncé.

Enfin pour faire rendre aux foies tout ce qu'ils recèlent de corps gras, et obtenir la dernière qualité, l'huile noire ou *huile de tanneurs*, on jette les foies déjà putréfiés qui ne fournissent plus rien par le procédé précédent, dans des marmites de fonte, où ils sont soumis à l'ébullition jusqu'à ce que toute l'eau contenue dans leur tissu soit évaporée. La totalité de l'huile qui y restait, est alors sortie ; elle est brun-noir, noire même, non transparente, ayant une odeur désagréable de poisson putréfié et une saveur excessivement âcre et empyreumatique.

Les parties solides qui restent, appelées en Norvége *crax*, *grag*, ou *krag*, surnagent à la surface. Elles sont recueillies pour servir en agriculture comme engrais.

Toutes ces huiles ont subi plus ou moins l'action de la fermentation putride, et la dernière, celle d'une chaleur assez forte.

C'est aussi à l'aide de la chaleur artificielle que l'on extrait l'huile en Irlande ; mais on n'attend pas que la fermentation ait commencé le travail. Empilés dans une chaudière de fonte, les foies sont soumis à une chaleur graduelle, aux degrés de laquelle correspondent les qualités blanche, brune et noire du commerce. En Hollande, nous a-t-on dit, existe un appareil ingénieux basé sur le même procédé de fabrication ; il consiste en une chaudière autour de laquelle sont implantées des cornues de même composition ; ces cornues sont disposés circulairement sur trois rangs superposés. Des lampes à esprit-de-vin, en nombre variable suivant le degré de chaleur que l'on veut obtenir, sont disposés sous cette chaudière (fig. 1).

Quand l'opération est en train, l'huile qui se sépare la première s'épanche dans les cornues situées à la partie supérieure de l'appareil ; celles-ci étant remplies, l'huile gagne celles de la seconde rangée, et en dernière analyse, la chaleur activant le travail, les derniers récipients se trouvent bientôt remplis. Les trois catégories d'huile se trouvent ainsi isolées d'elles-mêmes. On comprend que ces cornues offrent une huile d'autant plus blanche qu'on puise dans la cornue la plus élevée. Un thermomètre posé dans un regard ménagé dans les parois de la chaudière, permet de régler la température par l'adjonction ou la soustraction de lampes à esprit-de-vin.

Les pêcheurs de Schetlande, laissent macérer les foies dans de l'eau de mer froide ; ils les soumettent ensuite à une forte cuisson dans des chaudières de fer.

En employant ces procédés, sauf peut-être celui de la Hollande, on ne connaît pas l'élévation de la température qu'on produit ; on n'est pas maître de son action.

Dans ces façons d'agir, nous voulons dire la production spontanée de l'huile, d'une part, et de l'autre, l'emploi de la chaleur artificielle non modérée, l'huile doit évidemment perdre de ces qualités naturelles par la fermentation, la putréfaction et la coction. C'est entre les extrêmes de ces procédés contraires, comme le dit M. Hogg [1], qu'il fallait chercher le meilleur procédé d'extraction.

Ce terme moyen consiste dans l'emploi de la chaleur artificielle, modérée et graduée. C'est ce que dès 1838, l'un de nous, M. Th. Hamy, avait essayé avec succès.

Le Dr. Fleury, médecin de la marine a proposé pour arriver à ce résultat, des appareils en cuivre étamés, dans lesquels les foies *frais* sont soumis au bain-marie, à une chaleur de 70 à 80°, chaleur suffisante pour briser les cellules hépatiques et séparer l'huile, qui au bout de vingt minutes surnage déjà ; au bout de trois quarts d'heure on retire le magma constitué par le parenchyme et l'huile mélangés, on le place dans des chausses de toile serrée ou de flanelle en exerçant une légère pression, qui devient plus énergique vers la fin de l'opération.

Le procédé de M. Hogg se rapproche de ce dernier ; mais il emploie une bassine à double fond et échauffe l'appareil non

---

(1) *Etude sur l'huile de foie de morue naturelle*, etc., par Hogg, Paris, Victor Masson ; gd in-8o ; 1856.

pas avec de l'eau mais à l'aide d'un courant de vapeur d'eau fournie par une chaudière disposée à cet effet.

MM. Delahaye et Vettier (n° 914-16 du catalogue) ont disposé aux îles St-Pierre et Miquelon un appareil consistant en 10 cuves à double fond et à circulation intérieure, chauffées par la vapeur à 30° maximum ; à mesure que l'huile se dégage elle est recueillie et déposée dans des réservoirs où elle séjourne pendant quelques jours, puis tirée au clair, et ensuite livrée au commerce.

M. Peter Möller (n° 1971) paraît être le premier qui ait mis ce mode d'opérer en vigueur. Tout l'honneur de l'initiative doit donc revenir au savant Norvégien, qu'il ait été réellement l'inventeur ou seulement le propagateur de l'innovation.

Nous avons reçu de M. Oluff Wingaard (n° 2003 du catalogue) un des appareils communément employés dans son pays. Il est en fonte; il se compose d'une chaudière centrale A, d'où partent quatre tubes de laiton B (fig. 2), B″ (fig. 3, *coupe horizontale*), qui conduisent la vapeur dans les cuves à double fond C (fig. 2), C' (fig. 3), à la partie inférieure du compartiment. La vapeur d'eau qui se refroidit vient se condenser et s'écoule dans un récipient D, d'où elle est reprise à volonté par une pompe pour l'alimentation de la chaudière.

Il s'en suit que la perte de liquide est très-minime, et que les dangers de l'explosion sont diminués par l'apport dans la chaudière d'une eau ayant déjà une température assez élevée.

C'est dans la bassine E que les foies sont déposés.

Cette installation est simple, peu dispendieuse, et nous pensons que l'acquisition de cet appareil serait très-avantageusement faite en Norvége où il coûte relativement très-bon marché.

Dans ce même pays, on a appliqué en grand ce mode de fabrication. L'exposition a reçu de M. L. Devold (n° 1908 du catalogue) et de M. Hanssen (n° 1929 du cat.) des modèles réduits de leurs importantes fabriques. Nous devons en remercier ces industriels libéraux qui ne craignent pas de nous livrer ainsi la connaissance de leur mode d'opérer et de leur installation si ingénieuse et si simple à la fois.

Nous avons pris dans l'un et l'autre modèle les dispositions les plus heureuses et nous en avons tracé un dessin schematique reproduit fig. 4 *(coupe verticale).*

La fabrique contient un rez-de-chaussée et un étage. Au rez-de-chaussée existent la chambre où l'on lave, choisit, prépare les foies, la chambre où est disposée la chaudière, enfin celle où l'huile subit les dernières épurations; au premier étage sont installées les cuves, c'est-à-dire les organes réels de la fabrication.

Ces cuves AA' (fig. 4) sont disposées en fer à cheval sur une partie du plancher un peu exhaussée, à une certaine distance l'une de l'autre; un conduit B part de la chaudière C et traversant le plafond vient se déjeter dans la première cuve ; un tube analogue relie les cuves entre elles. Ces dernières présentent une disposition intérieure dont la figure 5 donne une idée précise. C'est une coupe de cette fraction d'appareil. Un cylindre creux intérieur contient à une certaine distance de ses parois un autre cylindre creux moins volumineux; l'axe de celui-ci est rempli par une colonne creuse dont la cavité communique avec celle qui est interceptée entre les deux cylindres; l'extrémité de la colonne est pleine et vient s'emboîter dans une ouverture pratiquée au couvercle des cuves; à l'extrémité inférieure du cylindre extérieur existe un robinet.

Ces dispositions étant connues, on comprend de suite la marche de l'opération; les foies coupés en menus morceaux ou pilés sont placés dans la cuve intérieure; la vapeur d'eau partant de la chaudière C s'engage dans le tube qui gagne les cuves, circule entre les deux cylindres, ainsi que dans la colonne creuse, et par le tube communicateur gagne la cuve voisine, et ainsi de suite. L'eau de condensation s'accumule au fond du cylindre extérieur, et à l'aide du robinet que nous avons mentionné s'écoule dans une rigole R, descend dans une cuve placée au rez-de-chaussée, et comme dans l'appareil

Fig. II

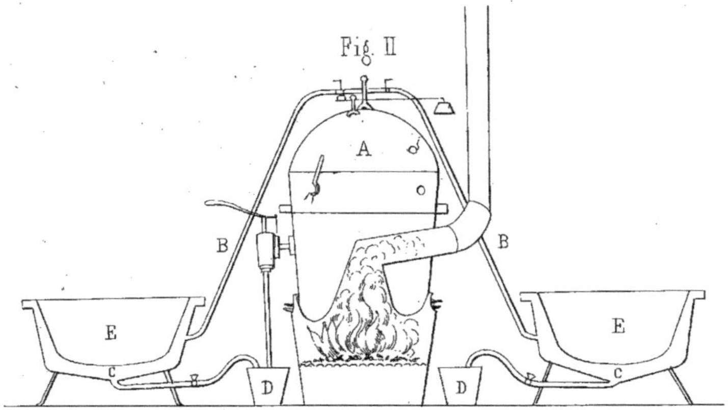

A

B B

E E

c c

D D

Fig. VI

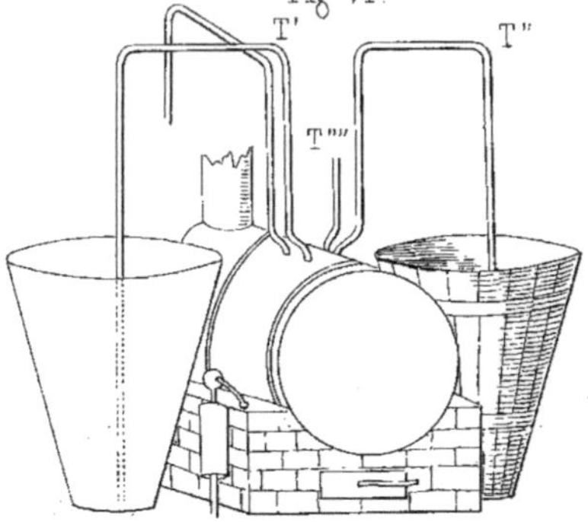

T T' T'''' T''

Fig. III

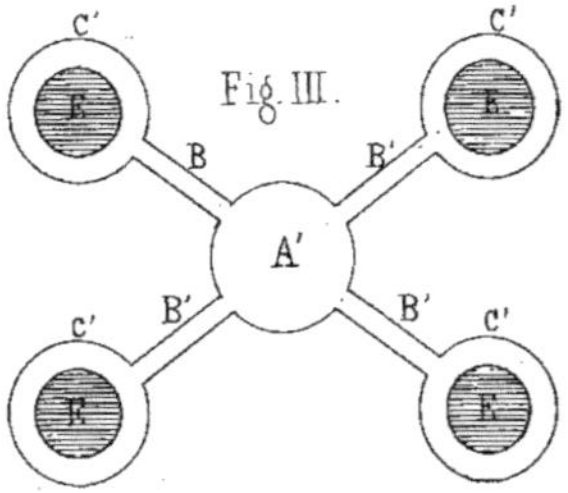

A'

B B' B' B'

C' C' C' C'

E E E E

Fig. I

Fig. VII

T

C

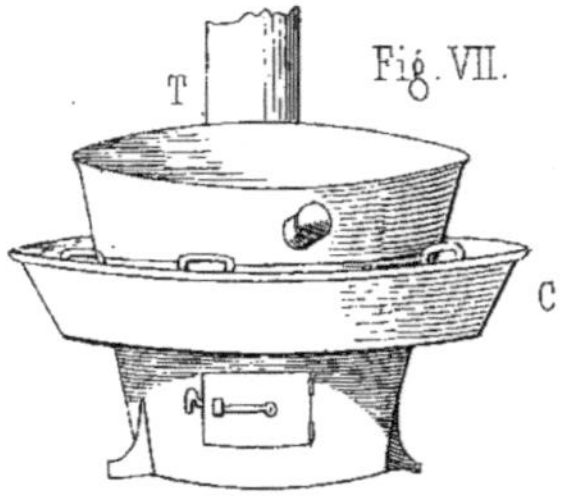

Del. Dr H. Cazin.

Lith. Berr et Simonnaire, Boulogne s/m.

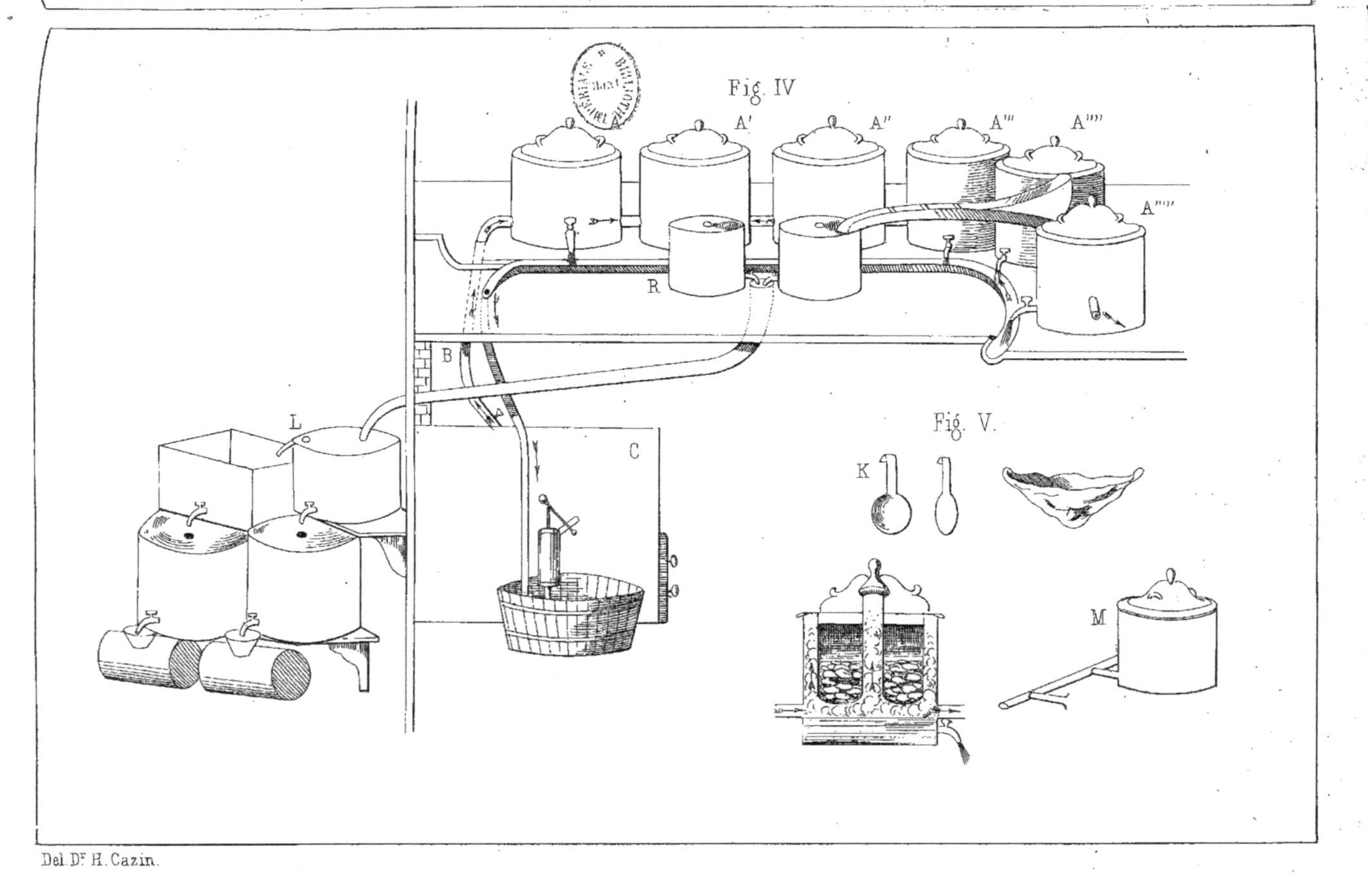

Del. Dr H. Cazin.

exposé par M. Wingaard, sert de nouveau à l'alimentation de la chaudière.

Il résulte de la disposition de l'appareil, que les foies sont chauffés également, dans toute leur masse, à la température de 40° centigrades environ. A mesure que l'huile se sépare, les couvercles sont relevés par les ouvriers ; l'huile recueillie à l'aide de cuillers K (fig. 5) est versée directement ou par l'intermédiaire d'un conducteur H dans deux récipients filtreurs, recouverts à leur partie supérieure d'un cône fort évasé, percé d'un trou à son sommet, disposé en entonnoir, et muni d'un filtre en flanelle. Après cette première filtration, l'huile est conduite par un tube en laiton ou en fonte P, dans une des salles du rez-de-chaussée, où elle est reçue par de nouveaux appareils filtreurs et immédiatement déversée par eux dans les barils de fer blanc, qu'elle ne doit plus quitter. L'opération est continue ; à l'aide d'une disposition simple, la seconde filtration n'est jamais interrompue (Voyez fig. 4, L).

Certains fabricants, au lieu de faire circuler la vapeur d'une cuve à une autre directement, établissent le tube en fer-à-cheval, indépendant des cuves ; c'est de sa cavité que partent des conduits secondaires se joignant au double fond de l'appareil (fig. 5, M). Cette disposition présente des inconvénients que l'on saisit de suite : la circulation de la vapeur est plus difficile, et sa condensation plus rapide.

C'est à l'aide de ces divers appareils qu'on obtient la variété d'huile blanche dite *à la vapeur*. (Voyez page 53).

Quoique le Dr. Delattre, de Dieppe, ne nous ait pas adressé ses produits (ce que nous regrettons vivement), nous ne devons pas passer sous silence le mode d'extraction qu'il préconise. Pour obvier à l'action de l'air, il a imaginé un appareil composé de très-grands ballons de verre, à moitié enterrés dans un vaste bain de sable chauffé par un thermosyphon. Tous les ballons sont mis en communication avec un réservoir d'où s'échappe un courant d'acide carbonique qui en expulse l'air atmosphérique. On ne chauffe le bain de sable que lorsque ce dernier est complètement évacué.

Jusqu'à présent nous avons vu les foies soit abandonnés à la fermentation, soit chauffés à une température plus ou moins élevée, mais toujours sans adjonction d'aucun liquide étranger à leur eau de constitution, si je puis m'exprimer ainsi. D'autres procédés font mettre en rapport directement les foies avec de l'eau, non plus par une simple macération avant la coction comme nous l'avons mentionné, mais pendant toute la durée de l'extraction.

On débarrasse les foies des membranes qui y adhèrent, on les coupe et on les fait chauffer avec une certaine quantité d'eau, jusqu'à ce que l'huile vienne à surnager ; on passe ensuite avec une légère expression à travers un tissu de laine ; on abandonne l'huile à elle-même pendant quelques jours et on filtre au papier.

On voit tout ce que ce mode a d'élémentaire ; il soumet les foies à une température difficile à graduer. Il est depuis longtemps en vigueur dans les petites fabriques et dans certaines officines.

Notre Exposition possède un modèle d'appareil très-simple, mais qui fournit d'excellents produits ; l'eau est encore mise en contact avec les foies, mais à l'état de vapeur.

Cet appareil (n° 1940 ; fig. 6) envoyé par M. Jordan, fabricant à Trondhjem (Norvége), se compose d'une chaudière centrale C, d'où partent verticalement quatre tubes de laiton T, T', T'', T''' ; ces tubes arrivés à une certaine hauteur s'infléchissent à angle droit, deviennent horizontaux, s'infléchissent de nouveau et viennent plonger jusqu'au fond des quatre cuves en bois, en forme de cône tronqué, à circonférence supérieure plus grande ; dans ces cuves sont placés les foies préparés, la vapeur d'eau s'engage lentement dans leur masse et élève sa température à une chaleur de 35 à 40° centigrades.

C'est par ce procédé qu'ont été obtenues les huiles parfaites de cet exposant (n° 1938, 1939 du catalogue) et celles de morue liquéfiée par le moyen de la vapeur, de M. Gronvold (Bern[t]), négociant à Vardo (Norvége) que nous proposons pour des récompenses.

Il nous est assez difficile de déterminer quant à présent quel est le meilleur des procédés en présence ; nous sommes cependant convaincus que ce dernier est un de ceux qui conservent le mieux à l'huile sa saveur naturelle.

Quant à la préférence à accorder au procédé par développement spontané, ou à celui qui met en jeu la chaleur artificielle modérée et graduée, il n'y a pas de doute pour nous : l'emploi des procédés à la vapeur, avec les perfectionnements qu'on y a apportés, donne un produit certain, toujours le même.

Ce n'est pas à dire pour cela que l'huile naturelle (spontanément développée) ne puisse offrir les mêmes qualités de goût, d'odeur, etc. ; mais il faut pour arriver à ce résultat, des soins tout particuliers. Les excellents produits de MM. Ronneberg et fils (n° 1974—1983), ceux non moins parfaits de MM. Vanhoutte et Paquet-Flament, de Dunkerque (n° 934 du catalogue), en font foi.

La question qui prime toutes les autres, c'est qu'il faut employer les foies *frais* et des foies de choix.

Ils doivent être utilisés aussitôt que possible après la mort des poissons, chaque heure déterminant la qualité de l'huile. M. Lauritz Devold, fabricant à Aalesund (Norvége), nous a, d'une façon très-intelligente et intelligible, démontré les modifications que l'âge des foies faisait subir aux qualités sapides de l'huile. Dans la luxueuse étagère qui porte le n° 1904 du catalogue, il a réuni à côté de différentes espèces d'huile de poisson, des huiles de foies de morue obtenues 12 heures, 24 heures, puis 48 heures après la pêche. Entre la première et la seconde il n'y a pas de différence très-sensible ; peut-être la première est-elle un peu plus onctueuse; mais la troisième présente déjà une saveur légèrement âcre et surtout un arrière-goût rance ; enfin, il a fait préparer, toujours à la vapeur, de l'huile avec des foies datant de huit jours. Oh ! alors, le goût est franchement mauvais, amer ; il prend fortement à la gorge.

Nous reviendrons sur ces sujets, quand nous traiterons des

choix à faire parmi les variétés d'huiles de foies de morue pour l'usage médical.

Les foies de choix doivent être potelés et pâles ; ceux qui sont mous et flasques, tachés de brun ou grisâtres, doivent être rejetés ou réservés pour l'extraction des huiles destinées à l'industrie. Il est bien entendu que la vésicule biliaire doit être enlevée avec soin.

Les filtrations auxquelles on soumet les huiles après refroidissement, ont pour effet d'en séparer les parties solides, la stéarine et la margarine; ce qui non seulement clarifie la liqueur, mais donne à l'élaïne de la prépondérance et rend ainsi l'huile parfaitement liquide, pénétrante et absorbable. MM. Ronneberg et fils que nous avons déjà cités, ont envoyé des échantillons d'huiles, filtrée une fois, filtrée deux fois, filtrée trois fois. Cette indication du catalogue prouve l'importance que ces fabricants attachent à cette soigneuse filtration.

Voyons maintenant quelles sont les différentes variétés d'huile de foie de morue.

Des différentes espèces d'huile de foie de morue.

Dans le commerce il existe des quantités indéterminées de nuances d'huile, selon le moment où on en arrête la fabrication.

En général ces espèces peuvent se réduire à trois, la blanche, la brune et la noire. Les variétés intermédiaires, sont la blonde, l'ambrée, les différentes nuances de brun : brun clair, brun foncé, etc.

Dans la variété blanche, il y a la blanche crue supérieure, la blanche ordinaire et la blanche à la vapeur.

Voici les caractères principaux des trois espèces types d'huile :

1° L'huile dorée, dite blanche ordinaire crue *(oleum jecoris aselli aureum vel subflavum)*, a l'apparence d'une bonne huile d'œillette purifiée ; elle est d'un jaune doré, transparente ; quand on l'examine dans une bouteille de verre blanc et en petite quantité elle paraît plus blanche. Son poids spécifique = 9,250. Elle se montre très-faiblement acide au papier de tournesol ; la saveur en est douce, rappelant celle de poisson frais; l'odeur est analogue, elle laisse déposer de la stéarine au bout d'un certain temps, surtout si elle n a pas subi de filtration suffisante. (Voyez page 52).

Les variétés obtenues à l'aide de la vapeur sont à plus juste titre appelées blanches ; elles offrent une couleur légèrement citrine très-franche ou toute pâle, qu'on ne peut mieux comparer qu'à celle du vin de Champagne. Nous insistons sur ce fait parce qu'on a remarqué que celles qui offrent une teinte louche d'apparence laiteuse, étaient tout simplement de l'huile de phoque blanchie. Herber [1] avait évidemment été trop loin en avançant que toutes ces huiles blanches étaient des huiles de phoque, épurées par l'acide sulfurique.

L'odeur de l'huile à la vapeur qui est celle du poisson frais n'a rien de désagréable ni de repoussant ; la saveur en est franche, douce, sans arrière-goût âcre, elle rappelle celle de la sardine.

2° L'huile rouge, foncée ou brune *(oleum jecoris aselli rubro-fuscum)* est limpide; elle a la couleur brun-rougeâtre du vin de Malaga dépouillé ou du vieux rhum, l'odeur du hareng salé, une forte saveur de poisson, et imprime au palais et à l'arrière-gorge un sentiment marqué d'âpreté ; elle est plus acide que la précédente ; sa densité = 9,260.

3° L'huile noire, noirâtre *(oleum jecoris aselli fusco-empyreumaticum)*, est d'un brun noir verdâtre, analogue à du goudron, d'une consistance plus prononcée que les deux premières, non transparente, très-acide ; la saveur en est fort âcre, elle prend énergiquement à la gorge ; l'odeur en est

---

(1) Annalen für Pharmacie, bd. xxxi, Heft 1, p. 94.

piquante, empyreumatique, rappelant celle de la suie, fuligineuse, nauséabonde. Sa densité = 9,280.

En Norvége, on appelle actuellement *médicinale* l'huile liquéfiée à l'aide de la vapeur ; l'huile blanche supérieure naturelle est la première qui se dégage dans le développement spontané ; la seconde récolte ou le second filon, comme dit M. Baars (1), donne l'huile blanche ordinaire, qui correspond à la variété blonde des fabricants français ; la troisième donne l'huile brune. Nous avons vu comment s'obtenait l'huile noire. On les distingue encore sous les noms d'*huile à la vapeur*, d'*huile crue* (blanche, brun clair, brune) et de *cuite* (huile noire).

Comme on a déjà pu le pressentir et comme du reste nous l'avons avancé, il n'y a rien de véritablement précis, rien de net dans l'établissement de ces variétés, et le caprice ou l'habileté du fabricant joue le rôle le plus important. Il serait à désirer que, pour éviter les confusions, on admît des colorations *types* répondant à des qualités définies du produit.

Il est à regretter que le nouveau *Codex Medicamentarius* (édition de 1866), non seulement se taise, mais commette à ce sujet des erreurs. Il nous suffira de citer les quelques lignes suivantes pour vous les faire savoir ; nous vous avons suffisamment fait suivre les procédés employés, pour que vous trouviez de suite combien peu les auteurs de la révision du Codex ont été au courant des perfectionnements récents et quel vague règne même dans leurs expressions :

« L'huile de foie de morue est de couleur très-différente suivant le procédé qui a servi à sa préparation ; les huiles très-brunes, qui proviennent de la décomposition plus ou moins avancée des foies, et qui sont d'une odeur et d'un goût repoussants, sont par cela-même peu propres à l'usage médical. Les huiles très-blanches, qui ont été décolorées par un agent chimique, sont aussi à rejeter. Les huiles blondes ou

(1) Les pêches de la Norvége (p. 22).

légèrement ambrées, qui proviennent de la fusion des foies récents à une chaleur inférieure *à 100 degrés*, doivent être préférées. »

Or, nous avons eu à notre Exposition des huiles très-blanches qui n'avaient nullement subi de décoloration par agents chimiques.

L'exposition à la lumière seule, du reste, contribue à pâlir les huiles. M. Lauritz Devold, déjà nommé, nous a montré la différence qui existait entre une huile sortie depuis longtemps du tonneau, et une autre qu'on venait d'en extraire depuis peu. La nature du vase qui la contient a aussi une certaine importance au point de vue de la coloration. Ordinairement on expédie l'huile destinée à la médecine dans des barils de fer-blanc ou dans des estagnons, mais quelquefois aussi dans des barils de chêne. Ce bois lui communique, au dire des fabricants de Norvége, une coloration brunâtre particulière.

En Norvége—il nous faut toujours citer ce pays, pour ce qui concerne les huiles de foies de morue—il existe un employé spécial affecté au classement des produits. Cet agent, appelé *rebuteur public*, véritable vérificateur, reconnaît au moment où en embarque les huiles, chaque qualité, d'après la nature du résidu qui peut être déposé au fond du baril, et au moyen d'une roulette marque ce dernier d'un signe distinctif, suivant cette qualité.

Autrefois en France, presque toutes les huiles blanches étaient des huiles blanchies. C'est là l'origine de l'assertion du Codex et de celles du dictionnaire de Nysten.

Les épurations ont pour but : 1° de faire disparaître l'odeur; 2° de faire disparaître la couleur foncée.

Pour arriver au premier résultat, M. Davidson (1) a préco-

---

(1) Observations on the properties of some fish-oils and on the utility of lime in distroying their putrid odor (BREWSTER, *Edinb. Journ. of Science*, n° 12, juillet 1827, p. 97-101).

nisé divers traitements sur lesquels nous ne pouvons pas ici insister : il a proposé d'agiter l'huile à épurer avec une dissolution de sulfate de cuivre et de chlorure de sodium, et la traiter ensuite par le charbon animal ou une faible solution de potasse caustique, ou encore par l'eau de chaux. Sir J. Murray propose d'arriver au même but en amenant au contact de l'huile de l'acide carbonique sous une haute pression.

Quant aux procédés de blanchiment proprement dit, le charbon animal, l'alun, l'hypophosphite de soude, la saponification, etc., ont été soigneusement mis en usage.

Après toutes ces sophistications, que reste-il de la véritable huile de foie de morue ?

Heureusement, et nous le verrons à propos du taux des huiles, l'huile brune ne coûtant pas actuellement beaucoup moins que la blanche, la cupidité trouve son avantage à mettre simplement cette dernière à l'état natif dans la circulation commerciale.

Analyse chimique.

Le temps relativement court pendant lequel a duré l'Exposition, ne nous a pas permis de nous livrer à des analyses de tous les produits exposés.

Du reste ce travail, qui eût exigé de notre part des connaissances plus spéciales, a été fait d'une façon magistrale par bon nombre d'auteurs. M. de Jongh dans son traité (1), ne consacre pas moins de quatre-vingts pages à ces importantes recherches chimiques.

Selon ce savant, l'huile contient pour 100 parties :

---

(1) L'huile de foie de morue envisagée sous tous les rapports comme moyen thérapeutique, par L.-J. de Jongh.—Paris, V. Masson, 1863.

		Huile pâle.	Huile brune.	Huile noire.
Acide oléique, avec la matière brune *(gaduine)* et deux autres matières particulières		74,033	71,757	69,785
Acide margarique		11,75	15,042	16,145
Glycérine		10,17	9,007	9,711
Acide butyrique		0,07	le dosage a échoué.	0,158
Acide acétique		0,04		0,125
Matériaux de la bile.	Acides fellinique et cholinique avec une petite quantité d'oléine, de margarine et de bilifulvine	0,04	0,06	0,299
	Bilifulvine ; acide bifellinique et deux autres matières particulières	0,26	0,44	0,876
	Une matière particulière insoluble dans l'eau, l'alcool et l'éther	0,001	0,002	0,005
Iode (1)		0,037	0,040	0,029
Chlore et brome		0,148	0,158	0,084
Phosphore		0,021	0,011	0,007
Acide phosphorique		0,091	0,078	0,053
Acide sulfurique		0,071	0,085	0,010
Magnésie		0,008	0,012	0,003
Soude		0,055	0,068	0,017
Fer		»	»	traces.
Chaux		0,151	0,167	0,081

(1) Dès 1836, il fut supposé exister dans l'huile par Kopp ; la même année, Hopfer de l'Orme en démontra la présence réelle *(Bulletin de Thérapeutique*, octobre 1837).

Il ressort nettement de l'examen de ce tableau, que l'huile blanche ou pâle est riche en principes inorganiques, surtout en iode, en phosphore et en acide phosphorique ; les principes bilieux et les acides volatils y figurent pour une petite proportion ; ces derniers augmentent déjà dans l'huile brune, où l'iode lui-même est contenu en plus grande quantité. L'huile brune, comme richesse en matières actives, peut être considérée comme l'intermédiaire entre la blanche et la noire. Celle-ci renferme le moins d'iode et de principes inorganiques, mais les acides volatils, produits de la fermentation putride et de l'emploi d'une chaleur artificielle élevée, et les principes bilieux abandonnés par le parenchyme désagrégé des foies, prédominent d'une façon évidente.

Parmi les huiles pâles, celles obtenues par écoulement spontané, et celles obtenues à la vapeur, c'est-à-dire par la cuisson sans eau, diffèrent peu ; mais celles, comme celles de MM. Jordan et Groonvold (v. p. 50), où on a amené le contact des foies avec la vapeur d'eau, contiennent moins de principes inorganiques, un peu moins d'iode par exemple (de Jongh) ; cette proportion moins grande trouve une explication dans la solubilité dans l'eau de plusieurs sels de l'huile de foie de morue, entre autres le phosphate de chaux, que nous avons du reste retrouvé dans les eaux-mères dont M. Jordan avait fait accompagner ses produits.

De l'espèce et de la variété qui conviennent le mieux pour l'usage médical.

On comprendra de quelle utilité doit être la détermination de l'espèce la plus convenable pour l'usage médical, dans les circonstances présentes où, au milieu d'une centaine de produits, nous devons par les récompenses accordées désigner les meilleurs.

Les opinions sont encore très-controversées sur ce sujet ; et d'abord, comment agit l'huile de foie de morue ?

Est-ce, comme l'a avancé Bretonneau, comme le pense Bouchardat (1), aux principes gras qui en constituent les 997 millièmes, qu'il faut attribuer l'action de l'huile qui nous occupe ? Evidemment non, l'épreuve clinique a prouvé que les autres corps gras ne produisaient pas les mêmes effets thérapeutiques. Est-ce exclusivement à l'iode ? pas davantage : les huiles iodurées, les autres préparations d'iode sont loin d'arriver aux mêmes résultats. Ici le précieux métalloïde n'agit point par la quantité, mais, comme le fer dans les eaux minérales, par l'état particulier de combinaison dans lequel il se trouve. Il faut donc lui accorder une part dans le rôle thérapeutique des produits en question.

Ce n'est pas à un seul de ses principes constituants, mais à leur ensemble, qu'est due cette action rénovatrice qui suit l'emploi de l'huile de foie de morue.

Comme le dit M. de Jongh, il faut reconnaître dans cette substance, la réunion positive d'agents médicamenteux et d'un aliment, ou, pour mieux dire, la combinaison intime d'éléments pharmaceutiques dans un corps gras très-assimilable qui leur sert de véhicule. Les substances inorganiques, l'iode comme altérant, le phosphore et ses dérivés comme modificateurs du système osseux, ont une partie de l'action ; la seconde doit être attribuée aux substances organiques : l'oléine, la margarine, la glycérine, la propylamine. Médicament par les premiers agents, l'huile de foie de morue atteint le vice morbide, la diathèse ; aliment par les seconds, elle substante l'organisme, elle entretient les fonctions du poumon et du foie, et répare ainsi les pertes de la calorification (2).

Ce qu'il y a dans ces circonstances de véritablement remar-

---

(1) *Annuaire Thérapeutique, 1849.* (P. 253).

(2) Se rappelant l'usage alimentaire de l'huile de phoque chez les Esquimaux, forcés par le milieu où ils vivent de rechercher des aliments de calorification, M. le Dr J. Perrochaud, médecin de l'hopital de Berck-sur-mer, a employé l'huile de foie de morue *blanche* à hautes doses, au début de l'hiver, souvent rigoureux sur cette plage. Il a observé que depuis que cette pratique est en vigueur, les petits scrofuleux confiés à ses soins, supportent sans s'en apercevoir l'arrivée des premiers froids.

quable, c'est que les parties inorganiques que nous venons de citer eu égard à leur quantité minime, perdent cette puissance d'action quand ils sont pris à la même dose, mais isolément, en dehors de leur combinaison naturelle et pour ainsi dire vivante avec l'huile de foie de morue.

La meilleure huile au point de vue médical sera donc celle qui à des proportions suffisantes de matières inorganiques, joindra la plus grande pureté de l'élément gras : nous avons nommé l'huile blanche. Je sais bien que la rapidité d'action paraît liée à l'usage des espèces foncées ; que M. de Jongh a fait à ce sujet des expérimentations cliniques comparatives extrêmement intéressantes, et que c'est aussi ce qui résulte des observations d'Osberghaus (1) et de Krebel (2). Mais l'odeur dégoûtante et le goût désagréable de l'huile noire et même de l'huile brune, empêchent d'en obtenir l'administration régulière. Si les estomacs des Lapons, des Allemands du nord et des Hollandais, supportent l'huile noire, celui des Français et surtout des Français de la classe aisée, ne peut tolérer cet affreux breuvage, quand déjà l'odorat ou le palais ne l'a pas refusé d'avance. En supposant que l'ingestion en soit obtenue, et c'est le petit nombre de cas, l'usage n'en peut être continué pendant un temps suffisant ; il amène de la dyspepsie, des dérangements souvent tenaces dans les fonctions intestinales.

Cela n'étonnera personne, si nous nous rappelons que l'odeur, le goût désagréable et la couleur noire de cette huile *impure, non naturelle*, comme la qualifie M. Hogg, proviennent de la putréfaction avancée et de la chaleur élevée auxquels les foies sont soumis afin de leur faire rendre la plus grande quantité d'huile possible. Il en résulte qu'elle rancit au plus haut degré, contient des proportions marquées d'acides margarique, butyrique, acétique, et tient en suspension des

(1) *Rust's Magazin*, bd. xx, Haft 3 (p. 362).

(2) *Med. Zeit. Russl.* 26, 1848.

matières putrides et colorantes, provenant de la corruption des cellules et de tout le parenchyme de l'organe.

L'huile *brune claire* préconisée par M. de Jongh, échappe en partie à ces reproches, mais elle est encore quelquefois digérée difficilement. A propos de l'analyse chimique, nous avons vu qu'elle était la plus riche en iode, selon M. de Jongh. M. Delattre, de Dieppe, avance au contraire que c'est l'huile jaune qui en contient le plus.

L'action de l'huile blanche est certainement plus lente; mais cette variété est toujours bien supportée et prise sans difficulté. Bien plus, elle aiguise l'appétit et régularise le jeu des fonctions digestives. La tolérance permettra toujours d'en attendre les effets. Elle contient plus d'iode que la noire, mais un peu moins que la brune. Les parties inorganiques l'emportent sur les parties organiques. Hogg insiste sur la prédominance de la glycérine parmi ses éléments gras.

M. Deschamps d'Avallon, pharmacien en chef de la maison de santé de Charenton [1], a, du reste, prouvé que l'huile de foie de morue sort presque incolore ou blanche du parenchyme hépatique.

L'huile blanche est donc l'huile native, et malgré l'autorité des noms que nous avons cités, auxquels nous joindrons encore ceux de MM. Trousseau et Pidoux (*Traité de thérapeutique*), nous nous rangerons à l'opinion de MM. Gourée [2], Williams [3] et Donavan [4], en donnant la préférence aux espèces pâles. Qu'elles soient le résultat de développement spontané, ou qu'elles soient obtenues à la vapeur, peu importe. M. Bouchardat [5] accorde encore plus d'avantages à ces dernières.

---

(1) Mémoire communiqué à l'Académie de Médecine, le 25 décembre 1854.

(2) *Bull. Médical Belge*, janvier 1858.

(3) *London Journal of Medicine*, janvier 1849.

(4) *Dublin Journal of Medical Science*, juillet 1840 et sept. 1845.

(5) *Annuaire de Thérapeutique*, 1858 (p. 222).

Tous les médecins anglais les recommandent de préférence aux espèces foncées ; et en Norvége, cette préférence est si bien rentrée dans les choses admises, qu'on leur donne et à elles seules, la qualification d'*huiles médicinales* (1).

Essai des huiles de foie de morue.

Les falsifications de l'huile de foie de morue étaient, il y a quelques années, plus fréquentes qu'aujourd'hui ; les perfectionnements de la fabrication et la multiplicité des fabriques ont mis le produit à un prix qui dépasse à peine celui des huiles précédemment employées à ces adultérations. Le seul mobile de ces fraudes, la cupidité, ne peut plus guères guider les fabricants intéressés du reste à fournir des huiles de bonne qualité.

Il est cependant nécessaire que nous accordions une large place à l'étude de l'essai de cette huile ; parce que trop souvent encore dans le commerce, on vend pour elle des produits d'une provenance toute différente. L'huile de phoque ou de baleine (2) lui sont quelquefois substituées ; les matières bilieuses, comme le fiel de bœuf, y ont même été mélangées pour rendre la falsification plus complète ; on a additionné d'iode l'huile de foie de morue. En France, M. Personne a même préconisé, pour la remplacer, l'iode incorporé dans l'huile d'olives.

Pour s'assurer si un échantillon d'huile est bien de l'huile de foie de morue, il faut se poser plusieurs questions : les essais doivent établir, 1° que l'huile à examiner est une huile animale ; 2° que c'est une huile de poisson ; 3° qu'elle provient de foies de poisson ; 4° que c'est de ceux de la morue qu'elle a été extraite.

1° La première catégorie d'épreuves comprend celles qui

(1) Chez certains fabricants, on appelle ainsi seulement les huiles à la vapeur.

(2) Auxquelles on fait subir les épurations analogues à celles dont nous avons dit un mot (page 55) ; nous avons vu autre part, la différence d'aspect qui caractérisait ces huiles falsifiées (page 58).

déterminent qu'on a affaire à une huile animale. Abstraction faite des qualités physiques sur lesquelles nous nous sommes étendu (pages 52 et suiv.), deux moyens peuvent être employés dans ce but :

A.—Si on mêle l'huile de foie de morue avec de l'acide sulfurique concentré, il se forme une masse pourpre sur laquelle nous reviendrons plus loin en détail ; mais, si on traite cette masse par de la potasse caustique en excès, et qu'on chauffe, il s'en dégagera une odeur particulière et désagréable, due à la volatilisation de l'huile de rue. Cette huile essentielle ayant pour formule C^{20}, H^{20}, O^{2}, se forme par la perte de deux équivalents d'oxygène faite au dépens de l'acide caprique, acide gras, volatil, qu'on suppose exister dans l'huile animale. (R. Wagner).

B.—Les huiles végétales ne présentent avec l'acide azotique aucune espèce de réaction colorée ; avec celle qui nous occupe, cet acide produit une légère coloration rosée, bordée d'un petit liseré plus foncé.

2° Est-ce une huile de poisson ? un réactif dont nous ne saurions garantir la parfaite fidélité, est le chlore gazeux. Si on fait dégager ce gaz dans les huiles ayant cette origine, il se développe une coloration foncée, brun noir, effet qui ne se produit pas dans les huiles végétales, et qui est bien moins marqué ou nul avec les autres huiles animales (1).

M. Crace Calvert a découvert deux réactifs, pour distinguer l'huile de poisson d'avec les autres huiles animales ou végétales. Les agents qu'il emploie sont la soude et l'acide phosphorique. Si cinq volumes d'huile sont mélangés avec un volume de solution de soude caustique, d'une densité de 1,34 et chauffés, jusqu'à l'ébullition, il se produit une coloration rouge foncé. Ce réactif décélerait un pour cent d'huile de poisson dans une autre espèce d'huile.—En second lieu, une partie d'acide phosphorique concentré, mêlée avec cinq d'huile, forme un mélange d'un brun rouge qui devient très-rapide-

(1) Nous verrons plus loin que cette réaction n'a pas lieu non plus avec l'huile de raie.

ment noir. Cette coloration dévoilerait 1 partie d'huile de poisson dans 1000 d'une autre huile.

3° L'épreuve suivante est l'indication de la présence de matières bilieuses, par conséquent de l'origine hépatique de l'huile.

C'est à M. Gobley [1] qu'on attribue généralement la découverte de ce réactif, qu'il pensait être spécial à l'huile de foie de morue, mais depuis longtemps il était connu en Angleterre.

En instillant goutte à goutte dans l'huile de foie de morue, de l'acide sulfurique concentré, il se produit au point de contact un mouvement centrifuge particulier et il se développe en même temps une belle couleur violette, passant au pourpre par l'agitation du mélange. Pour faciliter cette épreuve, il est préférable d'opérer ainsi : on place horizontalement une plaque de porcelaine blanche, ou mieux un verre simple reposant sur une feuille de papier blanc.—On forme avec l'huile à essayer, un dépôt composé de cinq à six gouttes que l'on arrondit également à l'aide d'une baguette de verre, de manière à lui donner le diamètre d'une pièce de deux francs environ. Au milieu, on dépose avec une autre baguette de verre une ou deux gouttes d'acide sulfurique concentré.

Si c'est de l'huile de foie, il se produit immédiatement au centre du dépôt d'huile, des stries rayonnées, centrifuges, d'un rouge violacé, carmin (Gobley), presque pourpre, avec un léger reflet pensée, qui bientôt tournent au rouge sale inclinant à la couleur de cachou (Gobley) et enfin au brun foncé.

Le centre de la tache est jaune foncé; il passe ensuite au brun clair; le contour du dépôt d'huile n'est point ou presque point altéré.

Cette réaction est attribuée, non pas à l'iode comme on serait porté à le supposer, mais à l'acide cholinique contenu dans les huiles de foie avec d'autres matériaux de la bile [2].

Nous avons comparativement essayé ainsi l'huile provenant

---

(1) *In Journal de Pharmacie* (3e série, vol. V, p. 308).

(2) PEREIRA, *on cod liver oil* (*Pharmaceutical Journ.* 1849, vol. VIII, n° 8).

du corps de différents poissons ou cétacés. L'effet produit est bien différent. Ainsi, l'huile de phoque donne une tache jaune bistre, d'abord très-faible, s'accentuant davantage et passant au gris sale; la surface même de l'huile en s'étendant prend une couleur légèrement lie-de-vin.

Le *Rock oil*, ou huile brune de dauphin, donne une tache franchement brune ou brun rouge, limitée au centre du dépôt de l'huile, puis passant au noir.

Dans l'huile de baleine il se produit un mouvement rapide qui chasse du centre à la circonférence une couleur gris brun, la tache centrale d'abord rouge, passe au rouge brun, puis au bout d'un quart-d'heure la coloration générale se confond et devient d'un brun noir.

L'huile d'olives où ont séjourné des sardines prend une coloration brune tirant sur le noir, due à la présence de matières animales et causée par leur charbonnement sous l'influence de l'acide.

L'huile de cachalot offre une coloration d'un rouge foncé, terne, en stries multipliées, passant promptement au brun clair et formant autour de l'acide des franges assez régulières qui se remuent ensuite pour former une auréole brun foncé, rayée de noir.

La recherche de la présence de l'iode sur laquelle nous reviendrons bientôt, ne peut être ici, quoique en dise M. de Jongh, d'aucun secours, puisque le métalloïde se rencontre aussi dans les huiles de corps de poisson et de cétacés.

4° A. L'acide sulfurique, nous l'avons vu, a été préconisé pour reconnaître l'huile de foie de morue proprement dite ; mais on a fait observer qu'une coloration semblable se produisait dans toutes les huiles de foie de morue, de raie, de squale, etc. Pour qui examine d'une façon inattentive, évidemment il se produit une coloration analogue.— Mais pour qui veut voir, et qui surtout par quelques expériences répétées, acquiert un peu d'habitude, de coup-d'œil, il y a des nuances, des différences dans la constitution de la tache.

Ainsi, il nous a été facile de les établir ainsi qu'il suit :

L'huile de foie de squale donne un brun violet foncé, passant au grenat, puis au brun.

L'huile de foie de lingue se rapproche à s'y tromper de celle de sa congénère, mais la coloration nous a semblé persister plus longtemps.

L'huile de foie de merlan, offre une tache brun rouge, couleur caramel, à bords décrépis, avec stries concentriques brunes; au milieu, il ne tarde pas à se dessiner une tache plus foncée, s'éclaircissant bientôt à son centre; le tout passe ensuite au brun foncé.

Dans l'huile de foie de raie, la tache est d'un violet brun, n'atteignant pas les bords du dépôt d'huile; le centre de la tache devient rouge, se couvre de stries brunes; il se forme une auréole d'un blanc grisâtre, opaque, tirant par places sur le jaunâtre (1).

Afin d'être complet, j'ai essayé, parmi les huiles végétales, l'huile d'œillette, qui a donné une coloration jaune de chrome ne tardant pas à s'atténuer.

C'est en effet avec l'huile de pavot additionnée d'un peu d'iode et aromatisée à l'aide d'une petite quantité d'huile de baleine, qu'en Angleterre on a fait des falsifications (Pereira). On a aussi souvent mélangé les deux huiles.—M. Berthé, pour tirer parti de la réaction par l'acide sulfurique, a fait des mélanges d'huile de foie de morue et d'huile d'œillette jusqu'au point de voir cesser la réaction; puis de la proportion du mélange que pourrait supporter une huile du commerce, il a conclu la proportion d'huile étrangère qu'on y avait introduite par fraude.

L'huile d'olives a fourni avec l'acide sulfurique, une tache plus petite, d'un jaune plus sale, grisâtre, s'atténuant aussi vers la fin de l'épreuve; dans l'huile de colza, l'acide détermine

---

(1) Le chlore gazeux, nous l'avons vu, colore l'huile de foie de morue en brun foncé; suivant MM. Girardin et Preissier il n'en serait pas de même pour celle de raie.

une auréole bleu clair, ayant disparu au bout d'un quart-d'heure, pour laisser à sa place des stries jaune pâle.

On voit que les essais comparatifs minutieux auxquels nous nous sommes livré, nous ont donné des résultats différentiels qui, pour n'être pas très-franchement caractéristiques, nous ont cependant permis de reconnaître assez nettement la provenance des huiles de foies.

Pour compléter tout ce que nous avons dit de l'essai par l'acide sulfurique, nous ajouterons que nous avons cru remarquer que, plus la coloration était belle, brillante, pure, plus l'huile avait de qualité, de saveur, odeur, etc., en un mot que les qualités physiques de l'huile étaient en rapport avec la vivacité de la tache produite par le réactif. Plus l'huile est colorée, plus la nuance pourpre est intense au début de la réaction.

Certaines huiles, celles de Ronneberg et fils par exemple (nº 1974-83) nous ont fourni une teinte presque rouge. Les huiles à la vapeur sont celles qui présentent la nuance la plus franche et la plus belle.

Avec les huiles noires, surtout avec celles de Norvége, où la tache est à peine violet indigo, mais plutôt brune, cette réaction n'existe plus d'une façon nette. Cela doit tenir à la grande quantité de matières empyreumatiques et charbonnées que contient cette huile.

L'huile noire de Dunkerque a donné une tache violacée plus persistante, tandis que les huiles noires de Norvége ont fourni une tache brune passant presque aussitôt au noir, en raison des matières charbonnées dont elles sont chargées.

B. Le Dr. Winckler (1) a cherché à jeter un peu de jour dans la constitution chimique propre de l'huile de foie de morue. Il a établi que ce corps ne contient pas de véritable glycérine mais, à la place, une substance analogue appelée *propyline*. Quand on saponifie l'iode avec un corps réducteur, l'oxyde de plomb par exemple, cette propyline est oxydée et forme une

(1) *Buchner's Repertorium 1852.*

substance particulière, fortement odorante, l'acide propylique, qui forme avec le plomb un sel ; or, si cette huile est chauffée avec de la potasse, de la chaux et du sel ammoniac, un liquide volatil la *Propylamine* ($AZH^2\ C^6\ H^7$) tout à fait incolore, dégageant une odeur forte de harengs, peut en être distillée. Ce résultat, selon l'auteur que nous citons, n'est obtenu avec aucune autre espèce d'huile officinale.

Malheureusement ce moyen d'épreuve, comme celui par l'acide sulfurique a un grand inconvénient, c'est qu'il ne peut faire différencier l'huile dans son état natif de celle qui pour être épurée a passé par l'état de savon.

C. L'iode a été pendant longtemps considéré comme l'élément principal médicamenteux de l'huile de foie de morue ; M. de Jongh pense, que le seul moyen de reconnaître la provenance réelle de cette huile est le titrage du métalloïde que nous venons de nommer.

L'iode n'existe ici ni à l'état métalloïdique, ni à l'état d'iodure alcalin, mais comme le pense M. Stein (1) à l'état de combinaison intime non encore définie, avec une petite quantité des acides gras. La preuve en est dans cette particularité, que la présence de l'iode ne peut être chimiquement constatée qu'après saponification préalable de l'huile.

Pour nous assurer que les produits exposés n'étaient pas des huiles végétales ou animales additionnées d'iode, ou des huiles de foie de morue suriodées par incorporation directe du métalloïde ou d'iodures, il nous a suffi de battre avec de l'eau distillée une certaine quantité de la matière à expertiser et de traiter cette eau par les réactifs spéciaux à l'iode et aux iodures.

Dans le cas de falsification, la coloration bleue formée par l'iodure d'amidon apparaît nettement ; dans le cas contraire, aucun changement n'est produit dans le liquide, qui contient l'iode à l'état de combinaison vivante, si je puis m'exprimer

(1) *Berzelius Jähres bericht*, XXI (p. 588).

ainsi.—Sur les échantillons que nous avons examinés de cette manière, aucune réaction n'a été observée.

On trouvera dans le mémoire de M. de Jongh, que nous avons déjà cité, toutes les indications nécessaires pour effectuer l'analyse quantitative de l'iode, contenu dans l'huile dans la proportion d'environ 0,037, comme nous l'avons vu à propos de l'analyse chimique (page 57).

Je dois cependant donner connaissance d'un moyen d'analyse peu connu, que j'ai mis en pratique dans les circonstances actuelles. Il appartient à M. Rabourdin. Ce chimiste recommande de mêler une partie de potasse avec 10 d'huile, de brûler le savon produit, de triturer les cendres avec de l'eau, et d'ajouter à cette solution filtrée un excès d'acides sulfurique et nitrique mélangés ; le tout étant secoué fortement dans du chloroforme, ce dernier s'empare de l'iode et prend une couleur violette. En comparant cette couleur avec celle d'une autre solution de chloroforme contenant une proportion d'iode déterminée, on peut facilement reconnaître la quantité d'iode qui se trouve dans l'huile.

Nous avons essayé de réunir dans les pages précédentes, les notions les plus précises possibles sur les essais des huiles de foie de morue par les ressources que la chimie nous offre. Nous allons maintenant rechercher ce que peut nous fournir l'étude comparée des densités des différentes huiles de foies, et huiles de poisson que nous avons pu avoir à notre disposition.

Nous nous sommes servi de l'oléomètre de Lefebvre (1), dont la notice explicative facilite beaucoup l'étude des densités des huiles.

On constate avec cet instrument la pesanteur des huiles comparées à l'eau distillée, celle-ci étant prise pour unité à 0010.

(1) *Essai sur les huiles*,—Notice explicative pour l'emploi de l'oléomètre à froid.—Amiens, 4e édition, 1862.

La température étant notée, se trouvait exactement être de 15°, température adoptée pour terme fixe dans ces examens.

L'huile de foie de morue vierge, crue, marque 9,250 à 9,260 (1); c'est à quelques centièmes près le poids spécifique de toutes les huiles de foie de morue exposées, il faut noter cependant (et c'est un fait très-important, puisque l'opinion contraire est avancée par Moquin Tandon dans son *Manuel de zoologie médicale*), qu'aux différentes nuances d'huile, correspondent des densités différentes; il était pourtant bien naturel de penser que la présence d'une plus grande quantité de matières organiques devait augmenter le poids spécifique du liquide qui les tient en suspension. Nous avons pu voir en effet que la moyenne des huiles claires étant 9,250, les huiles brunes ont présenté le chiffre de 9,260, et certaines huiles noires de Norvége, les huiles *maigres*, comme on les appelle dans ce pays, donnent le poids 9,280.

Ces chiffres sont établis sur une moyenne de quatre-vingts à cent épreuves environ. L'huile à la vapeur ne présente avec la crue de bonne qualité que des différences appréciables par millièmes. Les filtrations diminuent aussi la densité.

Abordant la recherche comparée de la densité des autres huiles, nous avons obtenu les résultats suivants :

Huile du corps de cachalot (2)................	8,840
Huile de phoque..................................	9,150
Huile de baleine filtrée..........................	9,240
Huile de foie de lingue..........................	9,248
Huile de foie de raie.............................	9,270

Toutes les fois qu'une huile blanche suspectée n'oscillera pas entre 9,250 et 9,265, on pourra presque affirmer qu'il y rentre de l'huile de raie si le chiffre est dépassé, et de l'huile

(1) C'est-à-dire qu'un hectolitre de ce liquide pèse 92 kil. 50, ou 92,60.

(2) Le prix élevé de cette huile éloigne toute idée de la mélanger avec celle de foie de morue.

de poisson si ce dernier est au-dessous des moyennes que nous donnons. Quant aux huiles végétales, leur densité est en général moindre que celle de l'huile de foie de morue.

Le point thermométrique où se fait la congélation de l'huile est aussi assez important à noter.

L'huile de foie de morue ne se solidifie complètement qu'à 3° au-dessous de zéro. Sa congénère, celle de lingue, se trouble avant zéro ; il en est de même de celle du seï ; l'huile de raie peut atteindre 5° au-dessous de zéro ; l'huile de baleine se congèle à 4° au-dessus du même point.

Il est bien entendu qu'à l'ensemble de ces épreuves diverses, il faut joindre la connaissance parfaite du goût, de l'odeur, de la couleur, qui font une bonne huile de foie de morue. Pour cette partie de nos recherches, M. Baars nous a donné de très-utiles conseils, et nous a initié à reconnaître à l'inspection et à la gustation la supériorité des produits. (1)

Du prix des huiles.

Nous avons dû nécessairement nous occuper de cette question. Si nous avons recherché et récompensé les bonnes qualités d'huile, il était utile de savoir quelle différence de prix existe entre les différentes espèces, si en un mot la perfection du produit pouvait s'allier avec son bon marché. A mérite égal celui d'un prix moindre devait obtenir de nous la préférence. Malheureusement, pour établir ces jugements, nous n'avons pas eu tous les renseignements nécessaires.

Nous ignorons le prix-courant de l'Angleterre. En Norvége où l'on expédie annuellement 60,000 barils d'une contenance de 105 litres en moyenne (sur ce nombre il y en a environ 5 à 6,000 barils d'huile à la vapeur), chaque baril peut être

(1) Voyez du reste, pages 52 et suiv., les qualités physiques de l'huile de foie de morue.

évalué à 130 fr., suivant le cours. Il y a des fluctuations assez marquées suivant la qualité et la quantité des foies ; il arrive même un fait assez bizarre, mais dont la multiplicité des fabriques, la concurrence et l'écoulement restreint des produits rendent compte, c'est que les huiles à la vapeur descendent quelquefois au même prix que les huiles noires.

En général pourtant les prix suivent une progression décroissante. La *blanche à la vapeur* coûte de 130 à 150 fr. ; la *blanche* (1er filon), 105 fr. ; celle du 2me filon, 100 fr. ; la *brune claire,* 87 fr. ; la *brune,* 82 fr. ; la *noire,* 80 fr. ou plus, suivant les demandes.

Ces prix sont ceux de l'huile prise sur le marché, à Bergen. Plusieurs fabricants, entre autres M. Knudtzon (nº 1942 du catalogue), au dire de M. Baars, offrent de vendre le même prix, marchandise rendue à Boulogne.

Pour la France, nous n'avons de renseignements positifs que ceux que nous a fournis directement la maison Vanhoutte et Paquet-Flament, dont les beaux produits avaient fixé notre attention, par leur qualité même et par leur provenance nationale.

La production d'une année est évaluée à 30,000 litres d'huiles médicinales, de différentes nuances, et de 60,000 pour la corroierie.

Les prix moyens de vente en gros sont :

Huile noire	115 à 120 fr.	les 100 kilogs.
« brune et blonde médicinale	125	»
« ambrée	135	»
« vierge	150	»
« blanche extra	220	»

Ces prix sont plus élevés que ceux de la Norvége où la main-d'œuvre est bien moins chère. Il serait à désirer que les fabricants de Dunkerque, mis en lutte avec l'étranger par la réduction récente de F. 20 par 100 kilogrammes sur le droit d'entrée, parvinssent par des perfectionnements d'extraction et des facilités d'approvisionnement des foies à donner à un prix moindre les huiles d'une qualité aussi bonne.

Nous venons de nous étendre longuement sur tout ce qu'il importait de rechercher pour poser un jugement précis sur les huiles de foie de morue exposées. C'est à l'aide de ces connaissances acquises, c'est sur ces bases, que nous avons établi nos opérations. Celles-ci ont été d'autant plus difficiles que les échantillons étaient nombreux, et presque tous remarquables par leurs qualités physiques et chimiques ; il nous a fallu juger sur des différences, appréciables seulement à la plus scrupuleuse attention, vu la supériorité générale des produits. Nous prions le Jury de vouloir bien ratifier la liste des récompenses, que nous avons cru, après examen approfondi, devoir lui proposer pour les exposants dont les noms suivent : (1)

Une *médaille d'or* à M. Lauritz-Devold (1904-1908), dont l'exposition exceptionnelle nous a donné de précieux enseignements (voyez page 51), et qui a joint aux huiles de morue des échantillons d'huile de foies de raie et de squale. Cet industriel a aussi envoyé un modèle de sa fabrique (voyez page 48).

Des *médailles d'argent :*

à MM. Jordan, fabricant à Trondhjen (1938-1948), huiles à la vapeur, modèle d'appareil spécial.

— Peter Möller, pharmacien à Christiania (1971), huiles à la vapeur (paraît être le premier qui ait employé ce procédé en Norvége).

— Hanssen (Fr.), à Aalesund, déjà honoré d'une médaille à l'exposition de Bergen (1922-1929), modèle de fabrique.

— Ronneberg et fils, à Aalesund (1974-1983), (voyez page 52).

— Vanhoutte et Paquet-Flament, à Dunkerque.

Ces derniers fabricants dont les produits sont remarquables, s'approvisionnent à Dunkerque, où ils

(1) Les récompenses n'ont dû être accordées qu'aux fabricants mêmes.

acquièrent environ les 4/5 des foies venant des 110 à 120 navires armés pour l'Islande ; ils font en outre des achats importants à Gravelines, Boulogne, Fécamp, Granville, Paimpol et autres ports de la côte. L'extraction se fait aussi vîte que possible après la pêche, mais cependant le temps écoulé est assez long, si on le compare avec le peu d'intervalle qu'en Norvége on met entre cette dernière et la fabrication. Malgré cette infériorité apparente, nous le répétons, les produits de la maison Vanhoutte sont parfaits, comme huiles crues, ou *à froid* comme ils les qualifient eux-mêmes. Nous avons vu dans le paragraphe précédent qu'elle produisait 30,000 litres d'huile par an ; elle emploie pendant les quatre mois que dure la fabrication, 15 ouvriers. Nous sommes heureux d'adresser à nos compatriotes les félicitations que méritent leurs efforts ; il est regrettable que la quantité restreinte des foies ne leur permette pas d'étendre leur commerce par l'augmentation de la production.

Des *médailles de bronze :*

Norvége..	à MM.	Irgens (Harald), à Bergen (1932-1936).
	—	Knudtzon (N.), Christiansund (1942-1946).
	—	Devold (O. E.), à Aalesund (1909-1913).
	—	Kloeboe, à Seland (1941).
	—	Groonvold, à Vardo (1919-1921), médaille à l'exposition de Bergen.
	—	Ibenfelt, à Aalesund (1931).
	—	Walso (N), fabricant et marchand, à Trano en Nordland (2002).
	—	Olsen et Orstenwig, à Aalesund (1972).
	—	Ramsland (P. C.), à Stavanger (1973).
	—	Meyer (Soren), à Vardo (1970).
	—	Lossius (Rasmus), Trondhjem (1962-1964).
Islande......	—	Gislason, de Reckiavig (272-73).
Angleterre.	—	Carr & Son, de Berwick (1062).
France......	—	Soetenaey, de Dunkerque (926).

Des *mentions honorables :*

Norvége..	à MM.	Lundgren, à Trondhjem (1965).
	—	Swendsen (L. et S.), à Stavanger (1989).
	—	Lossius (Hans), à Christiansund (1958-1961)
Hollande...	—	Spruyt et Cie. (2253-54).
Prusse......	—	Heins, à Kiel (2364-65).
France ...	—	Thelu, à Dunkerque (932).
	—	Delahaye et Vettier, à St-Malo (914-16).

Dans le cours de cette partie du rapport, nous avons traité incidemment des huiles de foies de raie et de squale. Nous y reviendrons à propos de la subdivision affectée aux produits des pêches destinés à l'industrie. Qu'il nous suffise de dire ici que plusieurs des exposants que nous venons de proposer pour des récompenses, avaient aussi envoyé des échantillons de ces huiles, en même temps que ceux d'huile de foie de morue.

Ce que nous avons dit de cette dernière au point de vue chimique, s'applique du reste en grande partie à ces produits. Nous ne croyons devoir y revenir, que pour rappeler que l'huile de foie de raie *contient moitié moins d'iode*, un quart environ de soufre en moins, et que la proportion du phosphore y est élevée d'un tiers; que l'huile de foie de squale, comparée à la dernière, renferme 2 fois 1/2 plus d'iode et 1/5 en moins de phosphore. (Delattre).

Après les développements dans lesquels nous sommes entré à propos de l'étude des huiles de foies de morue, l'opinion que nous avons soutenue nous met vis-à-vis du mémoire de MM. Despinoy et Garreau dans une situation difficile. Tout en reconnaissant la haute valeur scientifique de leurs analyses et de leurs idées théoriques sur l'état de combinaison des métalloïdes dans l'huile [1], sur le rôle de l'icthyoglicine dans

(1) Les auteurs du mémoire proposent de considérer cette combinaison comme dépendant de la solution de molécules salines à base d'ammoniaque et de propylamine opérée par le corps gras.

sa formation ; il est beaucoup de points sur lesquels la commission n'a pu suivre ces auteurs.

Nous avons vu que les foies récents de morue contenaient deux substances principales distinctes : une matière grasse huileuse semi-solide dans les foies frais, et un liquide aqueux trouble, de couleur gris rougeâtre, que la fermentation ou la chaleur séparent l'une de l'autre ; plus, la pulpe ou parenchyme de l'organe.

M. Despinoy pense que l'eau est la source des principes étrangers aux éléments gras qui ont été constatés dans les huiles blondes, brunes et noires, et que, quelle que soit la quantité de ces principes cédés à l'huile, l'eau en retient des proportions incomparablement plus grandes, que l'on peut encore concentrer sous forme d'extrait.

C'est cet extrait que les auteurs préconisent. On trouvera dans leur mémoire excessivement remarquable, tous les détails sur cette question (1).

Nous avons assez nettement énoncé notre opinion sur le rôle de l'huile de foie de morue en thérapeutique, pour ne pas admettre que cet extrait sous forme de sirop ou de pilules, puisse remplacer l'huile elle-même.

D'après M. Despinoy, 100 pilules représentent 4 litres d'huile ; une pilule serait l'équivalent de 35 grammes. Mais où est le corps gras dont l'action est si précise, si connue ?—Nous aimerions mieux penser que cette nouvelle préparation, est un agent thérapeutique nouveau, obtenu des eaux de foies de morue.—Il doit, à cause de la présence de la propylamine, des acides butyrique, acétique, etc., avoir une action excitante propre. Dans ces conditions, il a été jugé utile dans certaines formes de phthisie, de chloroanémie, etc.

Dans le cas où on choisirait l'huile noire pour l'administration, l'extrait de M. Despinoy a un certain avantage de facilité d'ingestion, mais élément gras manque toujours.

---

(1) *Mémoires sur les eaux et les extraits de foie de morue et sur leurs propriétés médicinales*, par MM. Despinoy et Garreau, Lille, imprimerie de Jules Petit, rue Basse, 54.—1865.

Nous vous proposons de décerner à MM. Despinoy et Garreau *une mention honorable*, pour leurs savantes recherches, pour leur préparation. Mais nous le répétons, cette préparation et l'huile de foie de morue médicinale telle que nous l'entendons, sont deux choses parfaitement distinctes, comme composition et comme mode d'action sur l'organisme.

PRODUITS CHIMIQUES EXTRAITS DES PLANTES MARINES.

Le nombre de ces produits est considérable, il nous suffira d'énumérer ceux qu'utilise la médecine : le brome, l'iode, l'iodure de plomb, de potassium, de mercure, l'iodate de potasse, le sulfate de soude, le nitrate de potasse.

M. Tissier aîné a créé en 1830, au Conquet (Finistère), une usine ayant pour but la fabrication de ces produits en grand ; depuis cette époque, il est parvenu, en abaissant graduellement leur prix, à lutter avantageusement avec l'étranger, et surtout avec l'Angleterre. Bien plus, il fabrique actuellement pour l'exportation, et livre ses produits à l'Amérique, au Portugal, etc. Le prix de l'iode pur, en 1855, était de 35 fr. le kilogramme ; celui de l'iodure de potassium de 30 fr. ; en 1862, cet industriel vendait l'iode pur 18 fr., et l'iodure de potassium, 12 fr.

Nous avons examiné avec le plus grand soin, les produits exposés et nous n'avons que des éloges à donner à M. Tissier aîné. L'iode qu'il qualifie d'*impur*, a même paru à M. Hamy père, notre collègue, être d'excellente qualité et ne contenir que très-peu de substances étrangères.

Pour vous donner une idée de l'importance de la production, nous mettons sous vos yeux quelques chiffres. En 1855, l'usine du Conquet mettait annuellement dans le commerce, 4 à 4,500 kilogr. d'iode pur, cristallisé [1] ; 4 à 4,500 kilogr.

(1) M. Tissier est le premier qui ait livré au commerce l'iode pur, cristallisé, ainsi que l'iode brut obtenu de premier jet, tel qu'on vendait il y a quelques années l'iode prétendu pur.

d'iodure de potassium, chiffre qui en 1862 a atteint 7,000 kilogr.; 7 à 800 kilogr. de brome pur, au prix de 20 fr. le kilogr.; 5 à 600 kilogr. de bromure de potassium, au même prix.

De grands efforts ont été nécessaires de la part de cet industriel pour « surmonter l'apathie des riverains, en leur apprenant à utiliser les goëmons qu'ils laissaient perdre ; il lui « a fallu une persévérance inouïe, pour enrichir cette population arriérée, qui reçoit maintenant plus de deux cent mille francs par an, en échange de son travail seulement, car elle trouve la matière première sur le littoral de nos îles et de nos côtes, au pied de ses habitations, et la recueille par conséquent sans effort et sans frais (1). »

De nombreuses distinctions honorifiques (Paris 1849, médaille d'argent; 1853, exposition universelle, médaille de 1re classe et chevalier de la Légion-d'honneur; Rennes 1859, Bordeaux 1860, médaille d'or; Nantes 1861, diplôme d'honneur; Londres 1862, exposition universelle, médaille; Angers, Bayonne 1864, diplôme d'honneur; Chaumont, Bordeaux 1865, même distinction; Dublin 1865, exposition universelle, médaille), sont venues successivement récompenser ce labeur incessant et cette recherche assidue des améliorations.

En affranchissant la France du tribut payé à l'Angleterre, en augmentant le bien-être du pays qu'il habite, en baissant le prix de ces substances devenues si nécessaires pour combattre des maladies (scrofules, phthisie), qui malheureusement frappent plutôt le pauvre que le riche, M. Tissier n'en est pas moins resté un chimiste habile, un savant modeste et un commerçant consciencieux.

Les considérations dans lesquelles nous venons de rentrer, jointes à la qualité supérieure des produits chimiques de l'usine du Conquet, nous ont engagé à solliciter de votre

---

(1) Extrait de la notice annexée par M. Tissier à la collection de ses produits chimiques.

justice, une *médaille d'or*, pour l'intelligent et persévérant industriel qui depuis trente-six ans en est le chef.

D. — Produits industriels des pêches destinés à l'art, à l'industrie.

La plupart des objets répondant à cette subdivision ont déjà été cités dans les subdivisions voisines ; plusieurs d'entre eux en effet sont employés en médecine ou servent à l'économie domestique, en même temps qu'ils rendent de grands services dans l'industrie. Les arts en général trouvent ici peu de matériaux utiles. Si des animaux marins appartenant à la famille des gastéropodes, le rocher Fascié (1), le hérisson (2), fournissent la pourpre ; si les céphalopodes contiennent une poche qui renferme une liqueur brune, fournissant la couleur dite *sepia de Rome* ; si la tête du cachalot fournit la cétine utilisable dans les vernis; notre Exposition n'a reçu aucun de ces produits.

La peinture à l'aquarelle trouve une belle couleur jaune dans l'iodure de plomb, et l'iodure de mercure lui donne une couleur d'un rouge magnifique.

Quant à l'industrie, nous citerons parmi les produits chimiques, les soudes de varech exposées par M. Guillet, de Noirmoutiers, et par M. Tissier, déjà nommé. Une certaine quantité des produits de ce dernier exposant trouvent ici leur place. Dans son importante usine du Conquet (Finistère), 1100 ouvriers produisent annuellement 1,500,000 à 2,000,000 de kilogr. de soude brute, et cela sans grands frais. Après avoir recueilli les varechs ou goëmons (voyez page 25), les ouvriers dits aussi *barilleurs*, les font sécher, les empilent et y mettent le feu. Les cendres ainsi obtenues sont placées dans un petit fourneau où elles se prennent en masse.

---

(1) *Murex trunculus*, L.
(2) *Murex herinaceus*, L.

De l'énorme quantité de soude brute qui résulte de ce procédé élémentaire, M. Tissier parvient à retirer 250,000 kilog. de chlorure de sodium impur employé dans les verreries et dans les poteries comme fondant ; 200,000 kilogr. de chlorure de potassium à 92 °/₀ qu'il vend aux salpétriers et aux fabricants d'alun ; 90,000 kilogr. de sulfate de potasse, destiné à être converti en carbonate. Nous avons vu à la subdivision des produits utilisés par la médecine, la quantité et surtout la qualité des iodures, bromures, etc., qu'il fabrique.

La récompense élevée que nous avons demandée pour cet industriel trouve une nouvelle confirmation dans l'énumération précédente et dans l'appréciation que nous venons de donner de la diversité de ses productions.

En traitant des huiles de poissons au point de vue médical, nous avons déjà en grande partie exposé le rôle des huiles de phoque, de dauphin, de marsouin, dans l'industrie, et particulièrement dans la corroierie. Les huiles noires de foie de morue ont aussi cette destination. Les huiles de Norvége, très-abondantes, nous ont paru d'une qualité un peu inférieure à celles de MM. Vanhoutte et Paquet-Flament, de Dunkerque.

Nous avons décrit page 44, le mode de fabrication de cette variété d'huile. C'est ici le lieu de vous parler des appareils qui y sont spécialement affectés. Un fabricant de Bergen, M. O. P. Wingaard, en a adressé des spécimens nombreux. Nous avons déjà donné la coupe d'un appareil en fonte pour la préparation de l'huile médicinale (page 46). Voici maintenant un appareil de même substance pour l'huile brune (n° 2004 du cat.).

Il consiste dans un foyer circulaire F (fig. 7), surmonté d'un conduit également circulaire C, communiquant avec lui et avec le tuyau T. Dans l'espace central qu'intercepte ce conduit, on place une chaudière qui se trouve ainsi recevoir la chaleur, à sa partie inférieure et sur toute la circonférence de ses parois. Il résulte de cette disposition une grande économie de combustible (En Norvége, on emploie plutôt le bois que le charbon).

M. Wingaard a aussi exposé différents modèles de chaudières en fonte, de la contenance de 360, 120, 100, 60, 40 litres, et une série de marmites en fonte pour le même usage. La qualité du métal ne laisse rien à désirer.

Notre Commission vous propose d'accorder à ce fondeur une *mention honorable*.

L'huile de lingue, l'huile de squale, de raie, les deux dernières proposées en France pour l'usage médicinal (1), sont employées en Norvége pour l'éclairage et la corroierie.

Comme les exposants qui nous en ont adressé des échantillons, ont été récompensés pour leurs huiles de foie de morue, nous n'accorderons à ces produits aucune mention spéciale. Il nous eût été impossible de proposer des distinctions pour chaque espèce d'huile en particulier; les espèces médicinales et celles spécialement destinées à l'industrie, sont récompensées dans la même collection et en même temps.

Les vessies natatoires de morue, outre leur usage alimentaire, sont aussi employées pour faire de la colle, dont on connaît l'emploi dans la clarification des liqueurs, etc. Nous avons remarqué les échantillons de M. Krogh Georges, négociant à Christiansand (n° 1957 du catalogue), honoré d'une médaille à l'exposition de Bergen. Dans ce cas, on ne sale pas la vessie, on la fait simplement sécher. La substance mucilagineuse qui constitue cette colle de poisson, l'*iththyocolle* en un mot, est obtenue aussi avec la membrane interne de la vessie natatoire du grand esturgeon *(acipenser huso)* qu'on roule sur elle-même après l'avoir bien nettoyée et que l'on fait sécher. On en trouve dans le commerce trois espèces. M. Hermerdinger, de Hambourg (n° du 3 cat.), nous en a adressé des échantillons remarquables, encore un peu colorés,

(1) Delattre, de Dieppe. — Vintrignier, *De l'emploi médical des huiles de foie de morue et de raie.*—Rouen, Lefebvre, 1843.

ce qui indique qu'ils sont restés à l'état naturel, et n'ont pas été blanchis par la vapeur de soufre. Ils n'ont pas été falsifiés avec la gélatine, comme cela s'observe souvent. M. Léon Soubeiran a donné d'une façon précise [1], les moyens de reconnaître cette adultération. Suivant ses conseils, nous avons humecté l'échantillon à chaud, et l'avons placé sous le microscope, les bords se sont développés régulièrement, tandis que pour la gélatine la dilatation se fait d'une façon irrégulière. En outre, il m'a été facile de constater une structure manifeste, dans laquelle j'ai retrouvé des fibres à noyaux éparses ; cette structure se continuait jusqu'au bord du fragment, lequel eût été absolument transparent et hyalin si la moindre trace de gélatine avait été frauduleusement ajoutée à l'iththyocolle.

Nous pensons qu'une *mention honorable* pourrait être accordée à ces deux fabricants.

---

§ 2.—**Produits directs des pêches : coraux, éponges, nacres, perles, etc. : collection d'histoire naturelle** (section X du catalogue).

La Zoologie est représentée dans notre Exposition par trois collections principales qui sont dans l'ordre de leur importance ; la collection des coquillages, crustacés, oursins, astéries, éponges et coraux de la mer Adriatique, réunie par M. Blaise Kleciack (supplément du cat. n° 2752), secrétaire près la direction des finances, à Zara (Dalmatie) ; la collection d'huîtres de M. Buckland (n° 1052—1061 du cat.), et celle des coquillages de nos côtes de Bretagne de M. Cheftel (n° 911).

Nous ne ferons que signaler quelques objets ayant une importance purement commerciale, par exemple, les éponges du reste fort belles, exposées par M. Vilin-Bourgois (n° 637) ; les échantillons de corail de M. Cornu (913). Sous la déno-

(1) *Journal de Pharmacie et de Chimie, 1866.*

mination erronée de corail, M. Flour-Lecointe a adressé de beaux spécimens de madrépore plantain (*madrepora plantaginea*, Lmk.).

En résumé, la partie zoologique ne comptait que trois collections dignes de fixer notre attention.

M. Bl. Kleciack a divisé en six groupes les individus de sa belle collection, et les a fait accompagner d'un catalogue, énumérant leur dénomination latine, le nom du savant qui les a décrits et nommés, le lieu d'habitation, la synonymie.

Ces six groupes sont : 1° les coquillages, 2° les crustacés, 3° les astéries, 4° les oursins, 5° les éponges, 6° les coraux.

Il sépare naturellement les coquillages univalves des bivalves. Dans les premiers, comme spécimens remarquables et rares, nous citerons : le *capidaria thyrrina*, Lmk, le *columbella mercatoria*, Lmk, la *marginella clandestina*, la *marg. minuta*, l'*ovula adriatica*, la *ranella lanceolata*, Menke, le *trochus granulatus*, Bom., etc., etc. Parmi les seconds ; l'*avicula torrentina*, Lmk, la *bomia Spalangi* Brus., la *clavagella aperta*, la *leda commutata*, le *pecten pes felis*, la *tellina fabula*, etc. La division des coquillages ne comprend pas moins de 343 individus. Les cinq autres groupes sont moins remarquables par le nombre des sujets, mais tout aussi intéressants.

Il est vraiment très-regrettable que le catalogue de cette collection soit dressé par lettre alphabétique ; il eût été plus scientifique et plus profitable pour les recherches de suivre pour cela un ordre méthodique et de faire un classement par famille, tribus, genres, etc.

Pour les astéries, par exemple, pourquoi ne pas les classer avec MM. Troschel et Müller, d'après le nombre des ambulacres et la présence ou l'absence de l'anus. Ces derniers auteurs en ont établi trois groupes : la première famille comprend des individus caractérisés par quatre séries longitudinales de tentacules ambulacraires ; des piquants bordent les sillons ventraux des bras : parmi eux, l'*asterocanthion rubens* faisant partie de la collection qui nous occupe. Dans le 2ème groupe où les rangées ambulacraires sont au nombre de deux, le tube digestif a deux orifices, il aurait placé ses *asteriscus palmipes* et *verruculatus*.

La 3me famille offrant deux rangées d'ambulacres, pas d'anus, serait représenté par le genre *asteropecten aurantiacus*.

Nous aurions aussi désiré voir les oursins classés, d'après MM. Agassiz et Desor en *cidarides, clypeastroïdes, cassidulides, spatangoïdes*.

La plus grande confusion régnerait dans la science si on n'y mettait pas un peu d'ordre. Les collections de la nature de celle de M. Kleziack perdent de leur valeur quand elles sont un véritable chaos. Chaque objet isolé a une valeur individuelle, mais elle la perd même, si un peu de méthode n'existe pas dans un groupement où, sans elle, les points de repère manquent.

Quoi qu'il en soit de ces reproches, nous avons eu ainsi sous les yeux presque tous les habitants de la mer Adriatique. Si M. Kleciack avait ajouté à sa collection les fossiles du pays, il l'eût rendu bien plus complète en présentant le précieux avantage des termes de comparaison.

Il y a dans ces collections locales constituées par des individus recueillis dans une zone relativement peu étendue, une idée scientifique de haute portée dont on ne saurait trop encourager la vulgarisation, des exemples qu'on ne saurait trop engager à suivre.

L'étude isolée de la faune d'une contrée dans son état actuel et, ce que nous eussions désiré pour cette collection, dans ses différentes formations géologiques, constituera, lorsqu'on la rapprochera de l'étude des autres régions, des matériaux précieux pour la connaissance approfondie de l'origine et de l'histoire de l'évolution des êtres organisés. Si chaque contrée produisait l'énumération raisonnée de ses richesses zoologiques ou géologiques, la science, outre des détails plus précis, acquerrait des vues d'ensemble d'une grande élévation. On saisirait d'une façon plus nette encore leurs rapports ou leurs dissemblances, suivant la différence des centres d'habitation ; on verrait d'une façon plus évidente, comment les formes gravitent dans certaines limites, se modifient suivant les temps et les lieux.

La Commission espère que vous récompenserez par une *médaille de bronze,* les laborieuses recherches auxquelles M. Kléciack sacrifie les heures de loisir que lui laisse l'exercice de ses fonctions.

M. Buckland, ce Coste de l'Angleterre, a bien voulu faire profiter notre Exposition de sa collection exceptionnelle d'huîtres. Il nous a été donné, grâce à cet habile ostréiculteur, d'étudier une série d'individus aux phases différentes de développement (nº 1052 du cat.).

Là, ce sont des naissains de une à trois semaines ; plus loin, de jeunes sujets de 9 à 14 mois ; puis, de 1 an 1/2 ; ensuite de 2 à 3 ans ; en dernier lieu, les huîtres arrivées à leur état adulte, prêtes à être livrées à la consommation, ayant alors de 3 à 6 ans.

Aux coquilles elles-mêmes, il a joint les objets auxquelles elles prennent adhérence, des cailloux, des moules, d'autres coquillages; des vases de terre, des bouteilles, couverts de naissains ou d'individus déjà développés. On voit ainsi que la jeune huître, jouissant, grâce à un appareil transitoire de natation, de mouvements actifs dans la première période de la vie, ne tarde pas à s'implanter sur un point où désormais elle mènera une existence d'immobilité.

Nous avons vivement remarqué une coupe pratiquée sur une huître perpendiculairement à la surface de la valve supérieure. Cette coupe montre d'une façon très-simple la structure lamelleuse de la coquille. On peut facilement voir que des lamelles très-minces de tissu calcaire, interceptent des vacuoles assurant à la coquille une grande légèreté sans nuire pour cela à la solidité. On se rend aussi très-bien compte du rôle de la charnière et du ligament élastique destiné à maintenir la béance des valves, et celui du muscle puissant appelé vulgairement *talon* qui amène par sa contraction plus ou moins énergique, leur occlusion plus ou moins complête.

M. Buckland ne se contente pas d'étudier l'huître en elle-même. Il a recueilli des individus de tous les points du globe, depuis le vulgaire *pied-de-cheval* jusqu'à l'aristocratique huître perlière ou *pintadine mère perle*. Il a exposé des échantillons d'huîtres des différentes parties de l'Angleterre, de l'Ecosse et de l'Irlande, des huitres de New-York, de Bombay, du Portugal, des Indes Occidentales, de Ceylan, de l'isthme de Panama. Nous avons regretté de ne pas voir figurer dans sa collection les huîtres du lac Fusaro.

Nous vous demandons pour le savant naturaliste ostréiculteur une *médaille de bronze*.

Nous ne pouvons nous empêcher de faire ici une incursion dans la IXe section à propos de la magnifique et instructive collection envoyée par le Musée de Bergen (n°s 1658-1733 du catalogue) ; tous les poissons, crustacés, mollusques, comestibles de la mer du Nord y sont réunis.

Les espèces les plus importantes y sont représentées non seulement à l'état adulte, mais dans les phases successives de leur développement. On peut y voir, par exemple, le hareng *(clupea harengus)* à l'âge de 4, 6, 8, 10, 12, 16, 20 et 28 semaines.

A propos de la morue, des dessins très-bien faits donnent une idée parfaite de l'embryologie de ce poisson. La section qui traite de la pisciculture (section XI) a dû s'étendre avec les détails que comporte la question sur ce sujet si intéressant. Notons cependant quelques particularités. Voici d'abord le frai de morue, non fécondé, puis des rogues artificiellement fécondées trois ou quatre heures après la ponte : on peut saisir déjà le commencement de segmentation du disque germinatif ; onze ou douze heures après, la division s'accuse davantage. Elle se dessine nettement deux ou trois jours ensuite, pour arriver à la division accomplie vers le quatrième. Le huitième, le fœtus est visiblement développé ; le seizième, le développement est complet et le fœtus prêt à sortir de l'œuf; le dix-septième jour, cette sortie est effectuée. Des études analogues ont été faites pour le saumon.

Nous répéterons ici ce que nous avons dit à propos du Musée ethnographique de Copenhague, et nous nous associerons à nos collègues de la IXe section pour vous prier de décerner au Musée de Bergen, qui nous a fait profiter de ses richesses scientifiques, une récompense spéciale, comme un souvenir de l'hospitalité que nous avons été si heureux d'accorder à sa magnifique collection.

La flore pélagienne présente dans son étude un intérêt qui touche le naturaliste, le médecin et l'industriel. Et pourtant, peut-être à cause des difficultés inhérentes à cette étude, elle est généralement peu connue.

Nous avons reçu de deux exposants des collections de Thalassiophytes, dont l'une a surtout fixé notre attention. Chaque visiteur a pu être frappé de la diversité de formes, de la grâce du port, de la vivacité et de la variété du coloris de ces espèces si bien conservées dans leur aspect originel.

Pour arriver à obtenir cette conservation parfaite, il faut beaucoup d'habitude et d'habileté manuelle. Nous ne savons quel a été le mode de préparation qu'a employé M. Cheftel, de St.-Malo. Voici en général comment cette petite opération se pratique. On jette l'algue préalablement bien lavée dans un baquet d'eau douce; elle étale aussitôt dans ce liquide ses ramuscules les plus délicats. On passe ensuite sous elle une feuille de papier fort, que l'on soulève et retire d'abord par un côté; à mesure qu'on la sort de l'eau, la plante s'applique sur elle, et avec le bout d'une plume on étale ses brins, parfois si déliés, qui sans cela se ramasseraient. En procédant ainsi graduellement, on finit par relever de l'eau la plante parfaitement étalée sur le papier. On place alors celui-ci sur un linge tendu obliquement afin de faire écouler l'excédant du liquide qu'il retient. Après quelques heures, on commence à presser avec précaution entre des feuilles de papier gris et l'on termine la dessiccation avec beaucoup de soins. La plante adhère ainsi d'elle-même au papier.

Nous sommes entré dans ces détails de préparation pour faire ressortir à vos yeux la difficulté de réussir ces herbiers de la mer.

M. Cheftel a réuni (n° 907 du catalogue) dans plusieurs cadres d'une grande dimension une quantité relativement considérable d'algues conservées avec art, disposées avec goût et surtout avec une parfaite connaissance du port spécial de chaque plante. On y voit, on peut y étudier dans leurs plus minutieux détails morphologiques, les Hydrophytes les plus variés. Ici ce sont les Céramies aux organisations d'une merveilleuse délicatesse, aux branchages élégants, aux teintes riches, écarlates ou violettes ; les Ulves ou Laitues de mer avec leur feuillage ample et mince à la fois, d'un vert tendre ou d'un violet obscur ; plus loin, c'est la Laurencie Pinnatifide, la Rhodymenée palmée, la Cladostèphe verticillée, la Delesserie rouge, la Plocamie plumeuse et, parmi les plus gracieuses, un superbe spécimen de Padine Paon, dont les multiples éventails sont du plus bel effet. Je suis forcé de passer sous silence bien des espèces utiles et élégantes. Une mention particulière doit être cependant faite des Laminaires, et spécialement de la Laminaire digitée dont la fausse tige est depuis peu employée en chirurgie comme corps dilatant.

Nous proposons de décerner à M. Cheftel une *médaille de bronze* pour ses collections remarquables, capables d'exciter l'admiration des personnes les plus indifférentes aux beautés du règne végétal. Nous regrettons pourtant que cet exposant n'ait pas indiqué les noms latins, français et patois, ainsi que l'habitat de chacune des plantes de sa collection.

C'est ce qu'a fait M. Stenfort dans son album intitulé *les Plantes de la mer* (928 du catalogue) ; et pourtant ce dernier ne paraît pas avoir dans la disposition de ses échantillons d'autre guide qu'une idée d'un ordre moins élevé. Le premier paraît destiner ses collections à faciliter l'étude de la nature en présentant sous une forme attrayante une série de ses plus belles productions. Le second industrialise la végétation marine et s'en sert pour décorer des cartes de visite, des menus de dîners. — Dans l'album que nous avons cité tout-à-l'heure et qui contient plus de cent espèces empruntées aux Fucoïdées, aux Floridées, aux Céramiées, aux Gigartinées, aux Rhodyménées, aux Spérococcoïdées, aux Chondriées, aux Rhodomélées, aux Zoospermées, il a essayé de créer à l'image du langage des fleurs, un langage des plantes de la mer, dicté par une révélation fictive. Les emblêmes qu'il a imaginés reposant le plus souvent sur l'aspect, la couleur ou la caractéristique d'une algue, ne peuvent avoir d'autre but sérieux que de rappeler vaguement à l'esprit sa forme. Quoi qu'il en soit de cette tentative un peu puérile, les collections de M. Stenfort, peuvent rivaliser comme degré de conservation, comme disposition, avec celles de M. Cheftel. Ces derniers ont le mérite de reproduire l'aspect réel des algues, tandis que dans celles dont nous nous occupons actuellement, on a dû nécessairement faire plier les plantes aux exigences d'un encadrement ovale imprimé ou à celles d'un arrangement en bouquet.

La Commission propose d'accorder également à M. Stenfort une *médaille de bronze*, voulant encourager tout ce qui, par un moyen quelconque et sous un prétexte même futile, pourra développer le goût des études d'histoire naturelle et mettre en lumière l'infinie variété de ces organisations cachées sous les flots.

Comme pour se faire pardonner son excursion dans le pays de la fantaisie, M. Stenfort nous promet comme devant paraître prochainement, une collection plus sérieuse de 25 nouvelles plantes variées, en un volume, avec texte botanique en regard de chaque plante, description des familles et des trois ordres ; le tout précédé d'observations générales et sommaires sur la classification, la sexualité, l'organographie, les modes de reproduction, l'habitat des algues.

S'éloignant encore plus de la nature et prenant plusieurs plantes marines desséchées, mêlées à quelques polypiers ressemblant à des plantes, M. Dubois, de Dieppe, à composé des bouquets assez bien agencés qui n'ont d'autre utilité que de flatter le regard. En raison du goût qui a présidé à l'arrangement de ces plantes aux tons différents et cependant bien harmonisés, nous suivrons l'exemple du jury d'une des dernières expositions provinciales, en proposant pour M. Dubois une *mention honorable.*

En jetant un coup-d'œil rétrospectif sur les nombreux objets qui ont fait la richesse de notre Exposition, on a pu voir, qu'en ce qui concerne l'industrie des pêches, les travaux les plus variés, les plus profitables, avaient été faits en Suède et en Norvége.

C'est de là que nous viendront les innovations les plus pratiques. Puissent aussi nous venir avec elles, la haine de l'ignorance, et l'amour fervent de la liberté ! Dans ce pays libéral, si peu favorisé en apparence par la nature, où la vie est une lutte matérielle incessante, à peine pourrait-on trouver un homme qui ne sache pas lire. Les préoccupations des pêches périlleuses et continuelles n'éloignent pas totalement des choses de l'esprit, et des milliers d'hommes et de femmes se pressent chaque soir, à Bergen, sur les bancs d'une école gratuite, analogue à notre *Association polytechnique.*

Nous voici arrivé au terme de notre travail. J'ai mis tous mes soins à vous retracer d'une façon aussi complète que possible, la série d'études sérieuses auxquelles s'est livrée la Commission dont je suis l'organe, et pour lesquelles MM. Livois, Hamy et Evrard ont apporté le large tribut de leur expérience et de leurs connaissances.

La multiplicité des questions à élucider, la variété des sujets à examiner et à décrire, l'énoncé souvent difficile des appréciations de leurs mérites comparés, auraient demandé de la part du secrétaire de cette Commission un savoir plus étendu, une plume plus exercée.

Quelqu'au-dessous que j'aie pu être de la tâche qui m'incombait, j'espère au moins par mes efforts avoir acquis des droits à votre indulgence.—Puissiez-vous dire avec le poëte :

Si desint vires, tamen est laudanda voluntas.

TABLE.

www.ingramcontent.com/pod-product-compliance
Lightning Source LLC
Chambersburg PA
CBHW071109210326
41519CB00020B/6233